COMPTE-RENDU

DU

PREMIER CONGRÈS

DES

MONTS-DE-PIÉTÉ de FRANCE

TENU A MARSEILLE

Les 25, 26, 27 et 28 Novembre 1907

MARSEILLE

IMPRIMERIE NOUVELLE (*Association Ouvrière*)

31, Rue Sainte, 31

—

1908

COMPTE-RENDU

DU

PREMIER CONGRÈS

DES

MONTS-DE-PIÉTÉ de FRANCE

TENU A MARSEILLE

Les 25, 26, 27 et 28 Novembre 1907

MARSEILLE

IMPRIMERIE NOUVELLE (*Association Ouvrière*)

31, Rue Sainte, 31

—

1908

MONT=DE=PIÉTÉ DE MARSEILLE

Extrait du Registre des Délibérations

Séance du 5 Juin 1907

L'an mil neuf cent sept et le 5 juin, le Conseil d'Administration s'est réuni dans le lieu ordinaire de ses séances :

Etaient présents :

MM. BARTHELET Edmond, *vice-président ;*
VIDAL-NAQUET, *secrétaire ;*
BLANC Charles, *membre du Conseil ;*
COUVE Albert, *membre du Conseil ;*
BRUN Claude, *membre du Conseil ;*
LESBROS Emile, *directeur.*

. . . .

. . . .

M. le Président donne lecture du rapport suivant relatif à la réunion à Marseille d'un Congrès des Monts-de-Piété de France.

« Mes chers Collègues,

« Vous avez bien voulu, dans votre séance du 5 dé-
« cembre 1906, accepter en principe une proposition que
« je vous faisais.

« Je vous demandais de prendre l'initiative de réunir
« à Marseille cette année, à l'occasion du Centenaire de
« notre décret statutaire, un Congrès d'Administrateurs
« et de Directeurs de Monts-de-Piété.

« Je vous avais promis de motiver et développer ce
« projet. Je le fais un peu tardivement : veuillez m'ex-
« cuser.

« La loi a conféré aux Monts-de-Piété le monopole
« des prêts sur gages.

« Un monopole n'est excusable que s'il rend les ser-
« vices demandés mieux et à meilleur compte que la
« libre concurrence.

« Les Monts-de-Piété font-ils excuser leur monopole
« en rendant leurs services plus économiquement, plus
« commodément pour le public que ne le ferait la libre
« concurrence ?

« Il est assez difficile de répondre à cette question
« parce que les points de comparaison nous manquent
« en France.

« Mais si on jette les yeux par-dessus nos frontières,
« il est permis de douter.

« Ce n'est pourtant pas la bonne volonté qui manque
« aux administrateurs et aux directeurs de Monts-de-
« Piété.

« Ce n'est pas non plus le bienveillant concours de
« l'administration à tous ses degrés qui leur fait défaut.

« Ce qui manque aux Monts-de-Piété, c'est de savoir
« ce qui pourrait être fait, pour être mieux fait ; de
« savoir ce qui a été tenté ailleurs avec succès, de
« savoir ce qui a été abandonné après expérience.

« En un mot, ils ont besoin d'évoluer pour répondre
« aux besoins modernes, d'évoluer en profitant des
« leçons des autres et en faisant profiter les autres de
« leurs propres écoles.

« L'an passé, vous avez chargé notre directeur de voir
« ce qui se passait aux Monts-de-Piété de Lyon, de
« Genève et de Milan : je n'ai pas besoin de vous rap-
« peler quelle moisson de renseignements il a recueillie
« et comment nous essayons de l'utiliser.

« Eh bien ! il m'a paru qu'on pouvait généraliser cette
« mesure et mettre en commun les observations que la
« pratique a suggérées aux diverses administrations de
« Monts-de-Piété.

« Le programme est assez vaste pour légitimer des
« réunions annuelles si on veut passer en revue les
« divers points importants qui nous intéressent : la
« note que je joins à ce rapport en énumère les princi-
« paux.

« A ces réunions, il faudrait convoquer tous les
« Monts-de-Piété de France, en les priant de se faire
« représenter et par un ou plusieurs délégués de leur
« Conseil d'Administration et par leur directeur, afin
« de faire collaborer à l'œuvre commune et le pouvoir
« — dirai-je législatif ? — et le pouvoir exécutif.

« Il faudrait aussi demander à l'Administration de
« l'Assistance publique d'y coopérer en envoyant les
« mieux qualifiés des fonctionnaires desquels ressor-

« tissent les Monts-de-Piété. Avec leur concours, on
« pourrait étudier à fond certaines réformes, déterminer
« les difficultés administratives à vaincre et les mesures
« à prendre pour les résoudre.

« Je ne saurais oublier qu'il y a une quinzaine
« d'années j'avais cherché au Ministère de l'Intérieur
« diverses directions pour notre établissement. Bien
« qu'admirablement accueilli par notre quasi compa-
« triote et ami, M. Monod, alors directeur de l'Assis-
« tance publique, je fus renvoyé de bureaux en bureaux
« et finalement adressé à M. Edmond Duval, qui dirigeait
« alors avec tant de compétence le Mont-de-Piété de
« Paris ; il me parut le seul qui, à ce moment-là, connût
« bien ce qu'était un Mont-de-Piété. — Mais il connais-
« sait bien ce qu'était l'immense Mont-de-Piété de Paris
« et non ce que pouvait être un petit Mont-de-Piété
« provincial.

« Aussi, semble-t-il, que de la collaboration de ces
« divers éléments doivent éclore des solutions fécondes
« et que les Monts-de-Piété français cesseront d'être
« figés dans de vieux règlements immuables, au milieu
« d'une société en continuelle et sans cesse plus rapide
« évolution : N'oublions pas, mes chers Collègues, que
« cette année nous célébrons le centenaire de la réorga-
« nisation du Mont-de-Piété de Marseille. C'est encore
« sous le régime du décret du 10 mars 1807, daté du
« camp d'Osterode, que nous vivons, et il n'y a été fait
« qu'une seule modification, celle de nous rendre appli-
« cables, sans aucune dérogation, les dispositions du
« décret du 30 juin 1865. — Et cependant les choses ont
« marché depuis 1807 et 1865 ! Ce n'est pas nous montrer

« bien révolutionnaires que de croire qu'il peut y avoir
« quelque chose à retoucher après quarante et cent ans
« de vie moderne.

« Je vous propose donc, mes chers Collègues, de
« convoquer en un Congrès à Marseille, pour le mois de
« novembre, les administrateurs et directeurs de Monts-
« de-Piété et .le demander à M. le Ministre de l'Intérieur
« d'y déléguer, sinon — nous le désirerions cependant
« vivement, mais nous n'osons pas trop l'espérer — sinon,
« dis-je, M. le Directeur de l'Assistance publique, tout
« au moins et en tout cas, les fonctionnaires les mieux
« qualifiés de son Administration desquels ressortissent
« les Monts-de-Piété. »

Le Conseil approuve la teneur de ce document et en
convertit les termes en délibération.

Le Conseil décide, en outre, de se constituer, avec le
directeur, en commission préparatoire, aux fins de discuter et d'établir les bases du Congrès.

ÉNUMÉRATION

des Questions à soumettre au Congrès des Monts-de-Piété

BUT DE L'ÉTABLISSEMENT :

Le Mont-de-Piété doit-il être cantonné dans l'exploitation du monopole du prêt sur gages ?

Peut-il s'adjoindre d'autres exploitations comme à
l'étranger ? Quelles ?

Nature de l'Etablissement

Communal ? Départemental ? Autonome d'utilité publique ?

1° Peut-il continuer à être rattaché aux hospices ou aux bureaux de bienfaisance ?

2° Doit-il en être séparé ?

3° Comment s'est effectuée cette séparation là où elle s'est effectuée ?

4° Comment pourra-t-elle s'effectuer là où le rattachement existe encore ?

Administration

La composition des Conseils d'Administration ne pourrait-elle être modifiée ?

Les catégories auxquelles sont limités les choix ne pourraient-elles être autres, pour assurer plus de compétence et plus d'assiduité ?

Personnel

N'y a-t-il pas lieu de comparer les divers règlements relatifs au recrutement, à l'avancement, à la rémunération du personnel, pour profiter des exemples ? Ne convient-il pas d'assurer le personnel contre le favoritisme ?

Direction

Au moment où la réprobation du népotisme et du favoritisme soulève de si violentes et si légitimes colères, ne convient-il pas d'assurer les places réservées à la nomination de l'autorité préfectorale — celles de directeur et de caissier — exclusivement au personnel de l'Etablissement et, à défaut de capacités suffisantes en ligne, au personnel d'établissements similaires de la ville ou d'autres Monts-de-Pitié ?

La Meilleure Hiérarchie du Personnel

Rétribution des divers échelons.

Capital

Comment le constituer ?
Jusqu'à quelle limite doit-il s'augmenter ?

Emploi des Bénéfices

Distribution de secours ou amélioration des conditions à faire aux emprunteurs ?

Emprunts

Meilleures formes d'emprunts pour obtenir les fonds aux plus bas taux ?

Bureaux auxiliaires — Succursales

Leur organisation la plus économique.

Commissionnaires

N'a-t-on pas trop vite condamné cette institution ?
N'y a-t-il pas possibilité de l'améliorer ?

Correspondants

N'y a-t-il pas à s'éclairer sur cette institution que nous ignorions, il y a quelques mois et qu'il a fallu la publicité d'un crime pour nous faire connaître ?

Estimation

Comment assurer les plus fortes conditions d'estimation ?

Commissaires-priseurs ? Appréciateurs ?

Bijoux comprenant des Pierres de Couleur

Comment les estimer ?

Nature des Gages

Valeur minimum des gages.

Engagements. — Dégagements

Actuellement anonymes, ne pourraient-ils, pour la plus grande sécurité des emprunteurs, devenir nominatifs à leur gré ?

Difficultés à prévoir en cas de décès.

Perte de Reconnaissances

Des garanties à exiger dans ce cas.

Engagements d'Effets Corporels

En temps d'épidémie, est-il pratique de désinfecter les hardes ?

Taux des Prêts

Uniforme ?
Plus faible pour certains gages ?
Surchargé pour les meubles ?
Droit fixe en sus du droit proportionnel ?

Service des Magasins

Comment doit-il être organisé ? Chaque Mont-de-Piété a trouvé certainement quelques améliorations de détail dont l'exemple serait utile à tous.

Service des Dégagements par Acomptes

Comment le rendre vraiment accessible au public ?

Services Intérieurs

Leur organisation la meilleure ?

Comptabilité des Monts-de-Piété

N'y a-t-il pas lieu, à côté de la comptabilité publique, de tenir une comptabilité plus scientifique qui éclairerait davantage sur le revient de chaque opération ?

Trafic des Reconnaissances

Comment l'empêcher ?

Ventes

Moyen de se défendre contre la bande noire.

Organisation du Controle.

Mesures prises pour se garer des diverses fraudes constatées, fraudes des emprunteurs, fraudes du personnel.

Des Sanctions pénales encourues pour les diverses Fraudes commises

Y en a-t-il d'insuffisantes ? de trop importantes ?

Mesures a prendre pour étendre les Services du Mont-de-Piété vis-a-vis de sa clientèle malheureuse

Lesquelles ?

Relations des Opérations des Monts-de-Piété avec l'état économique du milieu

Y a-t-il une relation certaine entre le développement ou les restrictions des opérations des Monts-de-Piété et les mouvements de la richesse publique ?

Communauté de Services entre divers Monts-de-Piété

1° Haut personnel ;
2° Assurances contre les accidents ;
3°   —   contre l'incendie ;
4°   —   contre les risques d'eau ;
5° Emprunts ;
6° Caisses de retraites.....

Périodicité des Congrès

Ce Congrès ne doit-il pas être l'inauguration de réunions périodiques ?

Un *Conseil Supérieur des Monts-de-Piété* ne devrait-il pas être organisé pour défendre les intérêts de la clientèle des Monts-de-Piété et solliciter les mesures nécessaires auprès des Pouvoirs publics ?

Création d'une Revue des Monts-de-Piété

Ne pourrait-on assurer la vie d'une publication uniquement consacrée aux questions spéciales aux Monts-de-Piété et dont certaines sont énumérées ci-dessus ?

A la suite de cette délibération, l'Administration du Mont-de-Piété de Marseille a adressé la lettre suivante à tous les Monts-de-Piété de France et d'Algérie :   -

Marseille, le 22 juillet 1907.

« Monsieur le Président,

« L'Administration du Mont-de-Piété de Marseille a
« décidé, à l'occasion du centenaire de son décret statu-
« taire, de provoquer la réunion d'un congrès des Monts-
« de-Piété de France et d'Algérie.

« Ce Congrès, composé pour chaque Mont-de-Piété de
« deux délégués du Conseil d'Administration et de son
« Directeur, se réunira à Marseille les 25, 26, 27 et
« 28 novembre 1907. La cotisation est fixée à cinquante
« francs par établissement.

« La multiplicité des questions qui seront traitées
« dans ce Congrès nécessitant une classification métho-
« dique, nous vous serions obligés de nous faire con-
« naître, le plus tôt possible, votre adhésion, en même
« temps que l'objet des rapports et communications que
« vous désirez présenter à l'Assemblée. Nous pourrons
« ainsi préparer le travail des Commissions et éviter
« d'inutiles pertes de temps. Nous vous ferons part, en
« temps opportun, du programme détaillé des séances.

« Nous croyons inutile d'insister sur l'importance de
« ce Congrès, dont le but sera non seulement d'examiner
« s'il y a lieu de demander la révision partielle de la loi
« du 24 juin 1851 et du règlement ministériel du
« 30 juin 1805, applicables à la généralité des Monts-de-

« Piété, mais aussi de discuter les importantes questions
« de l'emprunt, de la prisée, du fonds capital, et de la
« communauté d'intérêt avec les Adminis rations des
« Hospices. D'ailleurs, l'extrait du procès-verbal de la
« séance de notre Conseil d'Administration, en date du
« 5 juin, vous porte le rapport de son Président sur le
« but et le programme du Congrès.

« Comme vous le verrez, nous désirons vivement la
« participation à nos travaux des représentants de l'au-
« torité administrative. Il convient que les résolutions
« prises sous forme de vœux soient suivies d'effet et par
« conséquent qu'il soit demandé aux pouvoirs compé-
« tents les décrets et, au besoin, les lois nécessaires. Ce
« Congrès aura également pour résultat certain, et ce
« n'est pas le moindre, d'établir entre les divers Monts-
« de-Piété des relations amicales et une solidarité de
« rapports et d'intérêts, de nature, en facilitant la tâche
« commune, à féconder leurs efforts en faveur de leur
« si intéressante clientèle.

« Veuillez agréer, Monsieur le Président, l'assurance
« de ma considération la plus distinguée.

« Pour le Conseil d'Administration,

« *Le Président,*

E. BARTHELET. »

Les Monts-de-Piété des villes suivantes ont adhéré
au Congrès :

Aix, Alger, Arles, Avignon, Bordeaux, Dunkerque,
Lille, Limoges, Lyon, Nancy, Nice, Nimes, Paris,

Rouen, Toulon, Toulouse, soit, en y ajoutant Marseille, dix-sept Monts-de-Piété, dont les plus importants.

Vingt Monts-de-Piété, quoique reconnaissant l'utilité du Congrès, n'ont pas cru devoir y adhérer pour cause d'éloignement, d'insuffisance de personnel et de fonds disponibles ou tout autre motif particulier. Ce sont les suivants :

Arras, Beaucaire, Besançon, Boulogne, Brest, Calais, Constantine, Dijon, Douai, Le Havre, l'Isle-sur-Sorgue, Nantes, Oran, Orléans, Roubaix, Saint-Germain-en-Laye, Saint-Quentin, Tarascon, Valenciennes, Versailles.

Les Monts-de-Piété d'Angers, Cambrai, Carpentras, Grenoble, Lunéville, Reims, n'ont pas répondu à l'invitation qui leur avait été adressée.

Sur les 17 administrations ayant adhéré, 12 étaient effectivement représentées par les délégations suivantes :

Aix. — MM. Baille, Administrateur ; Isnard, Directeur.

Avignon. — M. Ricard, Administrateur.

Bordeaux. — MM. Pradel, Administrateur ; Sens, Administrateur ; Vinclaire, Directeur.

Dunkerque. — M. Debaecke, Directeur.

Lille. — M. Aldebert, Directeur.

Lyon. — MM. Cohendy, Président du Conseil d'Administration ; Despierres, Administrateur ; Martin, Directeur.

Marseille. — MM. Barthelet, Président du Conseil d'Administration ; Vidal-Naquet, Administrateur ; Blanc Charles, Administrateur ; Brun Claude, Administrateur ; Couve Albert, Administrateur ; Lesbros Emile, Directeur.

Nice. — MM. Roubion, Administrateur ; Burlet, Contrôleur.

Nimes. — M. Huet, Directeur.

Paris. — MM. Blanchemain, Inspecteur ; Picard, Chef du Secrétariat Général.

Rouen. — M. Beaurain, Directeur.

Toulon. — MM. Charles Laurent, Administrateur ; Hermitte, Directeur ; soit 25 délégués.

Les Administrations d'Anvers et de Genève étaient représentées par M. Franz van Camp, Directeur du Mont-de-Piété et M. Pittard, Directeur de la Caisse Publique de prêts sur gages.

Ont également pris part aux travaux du congrès, à titre consultatif :

M. Le Blanc, Président de la Commission Administrative des Hospices Civils de Marseille.

M. Mallen, Président de la Commission Administrative du Bureau de Bienfaisance de Marseille.

M. Pradin, Chef de Division de l'Assistance Publique à la Préfecture des Bouches-du-Rhône.

M. Nesme, Directeur Honoraire du Mont-de-Piété de Marseille.

M. Pascal, Contrôleur Honoraire du Mont-de-Piété de Marseille.

Me Bard, Notaire-conseil de l'Administration du Mont-de-Piété de Marseille.

Me Perrin, Avoué-conseil de l'Administration du Mont-de-Piété de Marseille.

Me Rouvière, Avocat-conseil de l'Aministration du Mont-de-Piété de Marseille.

M. Chassen, délégué des Commissaires-Priseurs de Marseille.

M. Huot, Architecte de l'Administration du Mont-de-Piété de Marseille.

Séance d'Ouverture

à l'Hôtel de Ville

le 25 novembre 1907, à 10 heures du matin

M. le Maire de Marseille, Président-né du Conseil d'Administration du Mont-de-Piété, préside la séance.

A ses côtés prennent place M. Mastier, Préfet des Bouches-du-Rhône et M. Barthelet, Vice-Président du Conseil d'Administration du Mont-de-Piété de Marseille.

Discours de M. Barthelet

Mes chers Collègues,

Permettez-moi, au nom du Conseil d'Administration du Mont-de-Piété de Marseille, de vous remercier d'avoir, en aussi grand nombre, répondu à notre invitation ; vous n'avez pas craint de vous imposer les fatigues d'un long voyage pour étudier ici en commun quelques-unes des nombreuses et si intéressantes questions qui touchent aux Monts-de-Piété.

C'est la première fois que les administrations des Monts-de-Piété tentent de se réunir ; habituées à vivre éloignées les unes des autres, s'ignorant mutuellement, elles ont un moment hésité à adhérer à cet essai de groupement. Et, certainement, nous aurions bien difficilement réussi si nous n'avions rencontré un si complet appui auprès de tous les pouvoirs publics.

Nous devons, tout d'abord, remercier M. le Ministre de l'Intérieur et M. le Directeur de l'Assistance Publique d'avoir bien voulu nous accorder leur indispensable patronage. Nous ne devons pas oublier que nous avons eu des répondants dévoués et des avocats éloquents auprès de M. le le Ministre de l'Intérieur et de M. le Directeur de l'Assistance Publique. Tout d'abord, et dès le premier jour à Marseille, M. le Préfet, toujours si bienveillant pour nous, et ensuite à Paris, les trois membres de notre représentation au Parlement, qui ont appartenu aux Administrations des Monts-de-Piété : M. le Sénateur Leydet, vice-président du Sénat, ancien maire et président du Mont-de-Piété d'Aix ; M. le Sénateur Flaissières, ancien maire et président du Mont-de-Piété de Marseille ; M. le Sénateur G. Velten, ancien administrateur de notre Mont-de-Piété, où j'ai eu l'honneur d'être son président, — un accident qui eût pu être grave le retient dans sa chambre alors qu'il eût voulu être des nôtres. Nous sommes certainement unanimes pour lui exprimer toute notre sympathie en ces fâcheuses circonstances et lui souhaiter un prompt rétablissement.

Grâce à cet appui unanime, nous avons recueilli l'adhésion de 16 Monts-de-Piété : Paris, Lyon, Bordeaux, Toulouse, Lille, Rouen, Dunkerque, Alger, Nice, Toulon, Limoges, Nancy, Aix, Arles, Avignon, Nîmes, ce qui fait 17 avec celui de Marseille. Treize d'entre eux se sont fait représenter par 22 délégués. Ceux qui n'ont pu accepter pour des raisons diverses — éloignement, modicité du budget, — tout comme ceux qui ont adhéré ou se sont fait représenter, ont adhéré moralement à ce congrès et applaudi chaleureusement à notre initiative. Tous, ils nous ont priés de les tenir au courant de ce que nous ferons. — Six seulement n'ont pas répondu.

Nous sommes heureux de souhaiter la bienvenue à Messieurs les directeurs des Monts-de-Piété d'Anvers et de Genève, mais nous avons le devoir d'enregistrer les regrets, que nous partageons, des administrateurs des Monts-de-Piété de Milan et de Monaco.

Ce Congrès restera-t-il isolé ? Son œuvre sera-t-elle éphémère ? Nous espérons bien que non, et que de nos discussions ressortira l'utilité d'une périodicité de nos réunions.

Vous verrez s'il vous conviendra de poursuivre l'organisation d'un Conseil des Monts-de-Piété, analogue à celui des Caisses d'épargne, et même mieux encore l'institution de certains services communs.

En tout cas, tel qu'il est, le Congrès dépasse nos espérances et, nous adressant à notre président, à M. Chanot, Maire de Marseille, qui a bien voulu nous offrir l'hospitalité de l'Hôtel de Ville, nous pouvons lui dire qu'il a bien droit de s'enorgueillir du succès de cette première réunion, succès auquel il a si largement contribué par son constant appui.

Et, en vous présentant nos collègues accourus d'un peu partout, et en vous priant d'ouvrir notre Congrès, je suis certain, Monsieur le Maire, Monsieur notre Président, d'être leur fidèle interprète à tous, en vous assurant de notre respectueuse et affectueuse reconnaissance.

Discours de M. Amable Chanot

Maire de Marseille

Messieurs,

Je suis très heureux de vous souhaiter la bienvenue aujourd'hui dans notre belle et grande ville de Marseille. Je suis plus heureux encore de le faire aujourd'hui que sa réputation ne se dément pas et qu'un soleil radieux, bien mieux que je ne pourrais le faire moi-même, vous souhaite cette bienvenue en vous confirmant dans l'idée qu'on a généralement de notre belle Provence.

Je vous remercie, Monsieur le Président, des paroles aimables que vous m'avez adressées il y a quelques instants. J'ai cherché pendant les cinq années et demie où j'ai occupé les hautes et très périlleuses fonctions de Maire de Marseille à les mériter. Savez-vous comment ? Tout simplement en me contentant du titre de Président honoraire du Conseil d'Administration du Mont-de-Piété et en ne jamais intervenant dans ses séances. La première intervention du Maire de Marseille dans les séances du Mont-de-Piété se produit en effet aujourd'hui à l'occasion de votre Congrès.

Et savez-vous quelle est la raison de cette abstention, ou plutôt de cette discrétion ? C'est que le Conseil d'Administration du Mont-de-Piété de Marseille, qui ne date pas de quelques années seulement, a su continuer sa vie tranquille, honorable et sérieuse et ce, en dehors de toute préoccupation extérieure et que le rôle du Président-né du Conseil d'Administration ne doit se produire que dans des circonstances délicates et difficiles et au moment surtout où l'on a besoin de lui pour rendre un peu de vie ou un peu de calme à un organisme qui le demande.

Le Mont-de-Piété n'a pas eu besoin de cela et le Maire de Marseille n'a pas eu à intervenir. Il a été représenté d'ailleurs par des collègues que j'ai désignés quelquefois, que le Préfet a nommés sur ma proposition ou qu'il a nommés suivant les époques et ces collègues ont eu la pensée du Chef de la Municipalité, et la pensée de la Municipalité elle-même.

Cette pensée, quelle était-elle ? — Suivre les séances avec attention, s'inspirer de l'esprit qui règne dans l'Assemblée, ne pas le modifier par des interventions intempestives et surtout ne jamais apporter cette note quelquefois discordante et toujours dissolvante qui s'appelle la note politique, dans des assemblées délibérantes qui n'ont à s'occuper que du bien du peuple et des humbles. *(Applaudissements).*

A cet égard, je dois reconnaître que tous les mandataires du Conseil Municipal, qu'ils aient appartenu au Conseil Municipal homogène d'à présent ou à la minorité que nous avons eue à une certaine époque, n'ont jamais dévié de cette ligne de conduite. Aussi le Mont-de-Piété n'a-t-il jamais eu avec la Municipalité aucun de ces incidents, même fugitifs et sans portée, qui se produisent quelquefois dans d'autres administrations et il est resté en communauté d'idées avec elle. Et si, quelquefois, au sein de notre assemblée communale, des critiques ont pu se produire, si des désirs ont pu être exprimés, il n'en est pas moins vrai que cette assemblée communale, appelée à ratifier le budget et à donner son appréciation sur la gestion du Mont-de-Piété, l'a toujours donnée, je crois, à l'unanimité. Je dis « je crois » parce que, s'il a pu arriver que ce ne soit pas à l'unanimité, ce n'aura guère été que quelque membre isolé qui aura pu rester en dehors de cette appréciation.

Voilà pourquoi, et uniquement pourquoi, mon cher Président, j'ai été très sensible à vos louanges et aux mots aimables que vous m'avez réservés. Ils ne s'adressaient pas à celui qui a beaucoup collaboré à vos travaux, mais plutôt à celui qui a respecté votre œuvre, qui l'a suivie sans s'en désintéresser, mais qui a jugé que seuls les membres en titre de l'Administration du Mont-de-Piété devaient participer à son administration, quand ils remplissent leur rôle comme vous l'avez fait.

Mais aujourd'hui, il n'en est plus de même. Vous avez eu une idée neuve, il s'agit d'une Administration qui, attaquée par quelques-uns, critiquée par beaucoup d'autres, a besoin, comme toutes les vieilles œuvres, quelque belles qu'elles soient, d'un rajeunissement d'occasion ou d'un rajeunissement permanent. A cet égard rien n'était mieux que de grouper, en faisant appel à leur concours, tous ceux qui se sont occupés avec intérêt ou avec passion de cette œuvre intéressante que sont les Monts-de-Piété, pour que chacun puisse s'inspirer des idées de chacun des autres afin d'arriver à des améliorations.

Ce n'est pas le cas de dire ici : le mieux est l'ennemi du bien : au contraire, nous sommes à une époque de transformation générale, toutes les institutions humaines subissent de constantes transformations et les Monts-de-Piété n'échappent pas à la règle commune. Mais je suis persuadé que grâce à la longue pratique de ses Administrateurs, le Mont-de-Piété de Marseille ne pourra retirer qu'avantages de tous les changements qui pourront se produire dans son existence. C'est à dessein que je parle de cette longue pratique, car elle est bien réelle. Le Président du Conseil d'Administration vous disait tout à l'heure qu'il a été le collègue de M. le sénateur Velten ; je vois ici M. Vidal-Naquet qui doit être en fonctions depuis 30 ou 35 ans...... Le Mont-de-Piété n'a pas été soumis, en effet, à ces changements fâcheux, si défavorables à tant d'autres administrations. Aussi est-ce avec le plus grand plaisir que, en venant vous souhaiter la bienvenue, je vous déclare que je suis fier de voir Marseille choisie pour la tenue d'un Congrès particulièrement intéressant, quoique d'une nature peut-être singulière au premier abord. Je suis persuadé que vous trouverez à Marseille, soit dans le local du Mont-de-Piété, soit dans les indications de sa Commission Administrative, de quoi faire un Congrès qui ne sera pas seulement un passage et un examen de la cité où il se tiendra ; mais quelque chose de réellement intéressant pour l'œuvre à laquelle vous collaborez.

Messieurs, j'ai été peut-être trop long pour un discours d'ouverture ; mais comme je vous le disais tout à l'heure, le soleil, quoique nous y soyons habitués, nous donne toujours un peu plus de vie. D'autre part, le concours des personnalités que je vois ici m'a fait dépasser, peut-être, les limites dans lesquelles j'aurais dû me cantonner.

Si j'indiquais tout à l'heure que je ne vais pas vous diriger dans vos délibérations et que je n'ai pas l'habitude de les gêner par mes interventions fréquentes, au moins aujourd'hui me serai-je dédommagé en faisant connaître les raisons qui ont motivé mon abstention jusqu'ici et qui la motiveront encore dans la suite. Quoi qu'il en soit, vous pouvez être certains que j'applaudirai toujours à tout ce que vous ferez de bien et que jamais vous n'aurez de moi une pensée ou un acte qui vous soit défavorable : je ne serai peut-être pas appelé longtemps à vous témoigner ces sentiments, mais tant qu'il me sera donné de le faire, je le ferai, soyez-en convaincus, avec le plus grand plaisir.

Messieurs,

Je déclare ouvert dans la Ville de Marseille, le premier Congrès des Monts-de-Piété de France.

(Applaudissements)

Discours de M. Mastier

Préfet des Bouches-du-Rhône

Messieurs,

Dans le langage très élevé que vous venez d'entendre, M. le Maire de Marseille a rendu l'hommage qu'il convenait de rendre au Conseil d'administration du Mont-de-Piété de cette ville. Je tiens, cependant, à m'associer à mon tour à cet hommage, je tiens à saluer votre éminent et distingué président, M. Barthelet, et à vous répéter combien je suis d'accord avec vous tous pour féliciter des hommes d'origine administrative différente, qui, lorsqu'ils sont en présence d'œuvres d'assistance, veulent bien se cantonner dans le but à poursuivre et orienter uniquement leurs pensées vers le soulagement de la misère, sans aucune espèce d'idées étrangères au but poursuivi.

Messieurs, un congrès a toujours devant lui très peu de temps, trop peu de temps, et je me reprocherais de distraire une partie de vos instants. Il suffit, au surplus, de parcourir ce que j'appelerai les Cahiers de ces États-Généraux d'un autre genre, pour se rendre compte de leur importance. Evidemment, pour des gens qui ne réfléchissent pas, le cercle des attributions des Mont-de-Piété peut paraître relativement étroit ; mais lorsqu'on voit toutes les questions économiques et juridiques que leur fonctionnement soulève, on est frappé de la complexité extrême des difficultés que vous êtes appelés à résoudre. Ce que j'en retiendrai, pour moi qui suis condamné par mes fonctions à des généralités, c'est que vous faites œuvre d'assistance. A un moment où tous les efforts de la République sont tendus vers tout ce qui peut venir en aide aux classes laborieuses, il était tout à fait utile d'examiner si des progrès intéressants ne peuvent pas être réalisés dans votre domaine.

M. Barthelet indique que le Mont-de-Piété de Marseille est régi par un décret de 1807, daté d'un camp de l'étranger et signé par Napoléon. Les décrets statutaires instituant la plupart des Monts-de-Piété français sont presque tous également centenaires. C'est un code bien restreint et bien ancien et c'est dire, Messieurs, quel est le champ ouvert à vos investigations.

Enfin, dans votre programme si vaste, je retiens encore ceci, c'est le soin que vous apportez à garantir ce que l'on appellerait le Statut de vos fonctionnaires et je suis heureux de vous rendre, à cet égard, un hommage qui, passant par derrière vous, ira à tous les employés modestes qui ont besoin de voir leur situation garantie.

C'est dans cette pensée que j'adresse au Congrès que vous représentez mes salutations les plus cordiales et les plus fraternelles. (*Applaudissements*).

La séance est levée.

Deuxième Séance

au Mont-de-Piété de Marseille

le 25 Novembre 1907 , à 5 heures du soir

— — — —

M. Barthelet prononce l'allocution suivante :

Mes chers collègnes,

Nous vous recevons chez nous avec la plus grande et la plus profonde cordialité. Vous êtes les bienvenus ici et nous ne perdrons pas, si vous le voulez bien, notre temps en discours inutiles. Nous allons donc aborder l'objet de nos réunions en en fixant l'ordre du jour de manière à faire œuvre utile.

Dans le programme que nous vous avons adressé, nous avons classé les questions dans l'ordre du développement du Mont-de-Piété et je me permettrai de vous les relire afin que si certaines d'entre elles ont été présentées d'une manière un peu obscure, vous sachiez au moins ce que nous avons voulu vous dire.

« But de l'Etablissement :

« Le Mont-de-Piété doit-il être cantonné dans l'exploi-
« tation du monopole du prêt sur gages ?

« Peut-il s'adjoindre d'autres exploitations comme à
« l'étranger. Quelles ? »

Nous avons vu que, depuis quelques années seulement, on a ajouté le prêt sur valeur mobilière. Y a-t-il lieu de faire autre chose ? Certains Monts-de-Piété étrangers reçoivent des dépôts qui peuvent être retirés à vue : y a-t-il lieu d'examiner ce qu'il peut y avoir de bon dans cette manière de voir ? En réalité, que sommes-nous ? Nous sommes des banquiers qui devons emprunter au meilleur marché possible pour prêter également dans les meilleures conditions pssibles. Tous les moyens qui nous permettront de réaliser ce double but doivent donc être examinés : peut-on songer, par exemple, à faire certains prêts hypothécaires ? Je pose simplement la question en indiquant la nature du sujet soumis à votre examen.

« Nature de l'Etablissement :

« Communal ? Départemental ? Autonome d'utilité « publique ?

« 1° Peut-il continuer à être rattaché aux Hospices ou « aux Bureaux de bienfaisance ?

« 2° Doit-il en être séparé ?

« 3° Comment s'est effectuée cette séparation là où « elle s'est effectuée ?

« 4° Comment pourra-t-elle s'effectuer là où le ratta- « chement existe encore ? »

La question vous sera exposée par un de nos collègues, M. Blanc. Il nous a semblé qu'il y avait quelque chose d'antinomique dans le fait de faire réaliser des bénéfi- cées par un établissement de bienfaisance pour venir en aide à un autre établissement de bienfaisance. Il est évident que chaque fois qu'un sou va aux Hospices, c'est un sou de moins à prélever pour leur service sur les impôts, en un mot vous faites contribuer les malheureux qui viennent porter leurs objets au Mont-de-Piété au dégrèvement des impôts de la masse des citoyens. Devons-nous continuer dans cette voie, ou si une séparation doit avoir lieu entre les Hospices et les Monts-de-Piété, comment cette séparation doit-elle être effectuée ?

« Administration :

« La composition des Conseils d'Administration ne « pourrait-elle être modifiée ?

« Les catégories auxquelles sont limités les choix ne « pourraient-elles être autres, pour assurer plus de « compétence et plus d'assiduité ? »

Nous avons eu, à un moment, des difficultés assez considérables. Voici pourquoi : la loi oblige M. le Préfet à choisir deux membres du Conseil d'Administration parmi les membres du Conseil Municipal. Si, à un moment donné, il y a conflit entre le Conseil Municipal et le Préfet, des difficultés pour cette nomination surgissent, et il peut arriver, comme cela s'est produit que nous nous trouvions pendant un temps plus ou moins long, sans aucun délégué du Conseil Municipal, c'est-à-dire réduit d'autant comme nombre d'administrateurs.

C'est ainsi que nous nous sommes trouvés à un certain moment réduits à 4 membres seulement : je crois bien qu'on peut faire quelquefois à quatre de la meilleure besogne qu'à six, mais il y a cependant une limite à tout.

D'autre part, les catégories parmi lesquelles les Préfets doivent choisir les Administrateurs sont limitées et c'est une raison de plus pour que nous nous trouvions exposés à l'inconvénient que je viens de vous signaler. Il peut être assez grave, comme nous pouvons le constater pour certains Conseils d'Hygiène qui, pendant plusieurs mois, ne se sont pas trouvés en nombre pour se réunir.

Il y a peut-être quelque chose à faire dans cette voie en n'obligeant pas les Préfets à s'en tenir à des catégories de citoyens aussi restreintes et c'est pourquoi nous vous avons dit :

« Les catégories auxquelles sont limités les choix, ne « pourraient-elles être autres, pour assurer plus de « compétence et plus d'assiduité ? »

« Personnel :

« N'y a-t-il pas lieu de comparer les divers règlements « relatifs au recrutement, à l'avancement, à la rémuné- « ration du personnel, pour profiter des exemples ? Ne « convient-il pas d'assurer le personnel contre le favo- « ritisme ? »

Nous avons reçu de vous, au sujet de cette question, des dossiers excessivement intéressants qui nous ont montré qu'il y a beaucoup à faire pour assurer au personnel des Monts-de-Piété un avancement régulier. La question à laquelle nous faisons allusion à ce moment est celle d'une espèce de Statut du personnel qui évite de voir arriver aux meilleurs postes des personnes sans aucun titre pour les posséder. Nous pouvons en citer des exemples à Marseille où nous avons eu certains directeurs qui ne sortaient plus de leur chambre que pour venir assister aux séances du Conseil, et qui étaient tellement sourds ou distraits qu'il ne pouvaient entendre un mot de ce qui s'y disait, si bien que c'était le Président du Conseil qui devait lui-même faire les procès-verbaux, assurer la marche de l'établissement, en un mot, remplir toutes les fonctions du directeur, et cela a duré pendant plusieurs années. Il y a donc quelque chose à faire à cet égard et je me suis réservé de vous présenter un rapport à ce sujet.

Mêmes questions au fond :

« Direction.

« Au moment où la réprobation du népotisme et du favoritisme soulève de si violentes et si légitimes colères, ne convient-il pas d'assurer les places réservées à la nomination de l'autorité préfectorale — celles de directeur et de caissier — exclusivement au personnel de l'établissement et, à défaut de capacités suffisantes en ligne, au personnel d'établissements similaires de la ville ou d'autres Monts-de-Piété. »

« La meilleure hiérarchie du personnel.
« Rétribution des divers échelons. »

Puis se présente le problème du capital nécessaire à nos établissements. Jusqu'à quelle limite doit il s'augmenter ? Nous avons eu à nous préoccuper de cette question, et nous nous étions dit qu'il y aurait un moyen très simple de nous constituer un capital par l'émission d'obligations analogues à celles des chemins de fer. Je suis allé au ministère pour voir s'il y avait possibilité de faire passer cette combinaison dans la pratique : personne n'a rien pu me dire, et après avoir été renvoyé de Caïphe à Pilate, je suis revenu Gros-Jean comme devant.

« Emprunts :

« Meilleures formes d'emprunts pour obtenir les fonds aux plus bas taux ? »

Chacun de vous emploie un moyen quelconque pour se procurer des fonds : en comparant nos procédés, nous pourrions peut-être arriver à trouver à contracter nos emprunts dans les meilleures conditions possibles.

« Bureaux auxiliaires. — Succursales.

« Leur organisation la plus économique ? »

« Commissionnaires :

« N'a-t-on pas trop vite condamné cette institution ?

« N'y a-t-il pas possibilité de l'améliorer ? »

Nous avons eu, à un certain moment, l'idée de constituer des commissionnaires officiels en créant des bureaux gérés, par exemple, par des employés en retraite habitués à notre manière de faire, à l'obéissance aux contrôleurs, etc. Nous avons laissé cette question en suspens.

« Correspondants :

« N'y a-t-il pas à s'éclairer sur cette institution que « nous ignorions, il y a quelques mois, et qu'il a fallu la « publicité d'un crime pour nous faire connaître ? »

Il a fallu le fameux crime de Langon pour nous apprendre l'existence de ces correspondants : nous avons vu qu'on avait retrouvé chez un correspondant de Mont-de-Piété les bijoux de la victime.

Il paraît que certains Monts-de-Piété ont ainsi des commissionnaires à distance. Il y a lieu de voir si quelque chose est à faire dans cette voie.

Vous voyez qu'il y a des questions très curieuses et très intéressantes.

« Estimation.

« Comment assurer les plus fortes conditions d'esti-
« mation ? »

« Commissaires-priseurs ? Appréciateurs ? »
Je n'ai pas besoin d'insister.

« Bijoux comprenant des pierres de couleur :

« Comment les estimer ? »
Nos appréciateurs les estiment comme de simples verres colorés.

« Nature des gages.

« Valeur minimum des gages. »
Dans certains Monts-de-Piété on s'arrête à 3 francs, dans d'autres à 2 francs ; nous devons nous communiquer nos façons de procéder à cet égard pour agir avec certitude.

« Engagements. — Dégagements.

« Actuellement anonymes, ne pourraient-ils, pour la
« plus grande sécurité des emprunteurs, devenir nomi-
« natifs à leur gré ?

« Difficultés à prévoir en cas de décès. »

« Perte de reconnaissances.

« Des garanties à exiger dans ce cas. »
Il conviendrait de nous éclairer sur les exigences que nous pouvons avoir : il ne faut pas trop vexer le malheureux qui a perdu sa reconnaissance et, cependant, nous devons être prudents.

« Engagements d'effets corporels.

« En temps d'épidémie, est-il pratique de désinfecter
« les hardes » ?

Nous avons déclaré à Marseille que ce n'était pas
pratique peut-être à tort.

M. Aldebert (Lille). — A Lille aussi en raison de la
confusion des objets.

M. Barthelet.

« Taux des prêts.
« Uniforme ?
« Plus faible pour certains gages ?
« Surchargé pour les meubles ?
« Droit fixe en sus du droit proportionnel ? »

On nous a cité certains Monts-de-Piété qui employaient
un taux progressif plus fort pour les emprunts importants que pour les petits emprunts, mais on tournait la
difficulté en divisant un gage en deux, si bien que le
Mont-de-Piété ne touchait pas davantage, mais qu'il
avait plus de travail.

Faut-il surcharger pour les meubles et objets encom-
brants ?

Convient-il d'ajouter un droit fixe en sus du droit
proportionnel ?

L'expérience de chacun permettrait d'arriver, peut-
être, à des solutions pratiques.

« Service des Magasins :

« Comment doit-il être organisé ? Chaque Mont-de-

« Piété a trouvé certainement quelques améliorations
« de détail dont l'exemple serait utile à tous. »

« Service des Dégagements par acomptes:

« Comment le rendre vraiment accessible au public ? »

Vous connaissez le dégagement par acomptes, idée
très généreuse ; mais la réglementation officielle est
tellement compliquée qu'elle en rend l'application pratique à peu près impossible : on y arrive cependant très
bien en Italie à l'aide de simples timbres qu'il n'y a qu'à
coller sur les reconnaissances. Il est certain que si vous
pouvez permettre aux malheureux de se libérer petit à
petit vous faciliterez la libération totale.

Un Congressiste. — Il n'y a qu'à établir une nouvelle reconnaissance.

M Aldebert (Lille). — C'est ce que l'on fait à Lille.

M. Barthelet.

« Services intérieurs :

« Leur organisation la meilleure ?

« Comptabilité des Monts-de-Piété.

« N'y a-t-il pas lieu, à côté de la comptabilité publique,
« de tenir une comptabililité plus scientifique qui éclai-
« rerait davantage sur le revient de chaque opération. »

« Trafic des Reconnaissances :

« Comment l'empêcher ?

« Ventes :

« Moyens de se défendre contre la bande noire. »

Nous devrons nous confier comment nous avons été trompés. Quels sont les remèdes ? Nous devrons rechercher le moyen d'empêcher ces fraudes.

« Organisation du Contrôle :

« Mesures prises pour se garer des diverses fraudes constatées, fraudes des emprunteurs, fraudes du personnel. »

« Des sanctions pénales encourues pour les diverses
« fraudes commises :

« Y en a-t-il d'insuffisantes ? de trop importantes ? »

« Mesures à prendre pour étendre les Services du
« Mont-de-Piété vis-à-vis de sa clientèle malheureuse.
« Lesquelles ? »

« Relations des Opérations des Monts-de-Piété avec
« l'état économique du milieu. »

« Y a-t-il une relation certaine entre le développement ou les restrictions des opérations des Monts-de-Piété et les mouvements de la richesse publique ? »

Enfin une grave question que nous citons pour l'avenir : il s'agit de la Communauté des services, entre divers Monts-de-Piété :

« 1° Haut personnel ;
« 2° Assurances contre les accidents ;
« 3° Assurances contre l'incendie ;
« 4° Assurances contre les risques d'eau ;
« 5° Emprunts ;

« 6° Caisses de retraites..... »

Et pour terminer ;

« Périodicité des Congrès :

« Ce Congrès ne doit-il pas être l'inauguration de
« réunions périodiques ?

« Un Conseil Supérieur des Monts-de-Piété ne de-
« vrait-il pas être organisé pour défendre les intérêts de
« la clientèle des Monts-de-Piété et solliciter les mesu-
« res nécessaires auprès des Pouvoirs Publics ? »

Et :

« Création d'une Revue des Monts-de-Piété.

» Ne pourrait-on assurer la vie d'une publication
« uniquement consacrée aux questions spéciales aux
« Monts-de-Piété et dont certaines sont énumérées ci-
« dessus ? »

D'autre part, il y a quelques questions présentées par
divers Monts-de-Piété que nous aurons à examiner.

M. Blanchemain (Paris). — Nous avons traité la
question du trafic des reconnaissances concurremment
avec M. le Directeur du Mont-de-Piété de Marseille, mais
en nous plaçant à un point de vue un peu différent.

M. Barthelet. — J'ai entendu dire également que
notre notaire, Mᵉ Bard, voulait nous faire une commu-
nication sur les prêts par l'intermédiaire des notaires ;
M. Brun doit nous entretenir des assurances.

Une conversation s'engage alors sur la fixation de
l'ordre du jour des diverses séances auxquelles ces
questions seront discutées et cet ordre du jour est
arrêté dans les conditions suivantes :

PREMIÈRE SÉANCE

Mardi 26 novembre 1907 (matin)

1º Assurances : M. BRUN Claude, administrateur (Marseille ;

2º Correspondants et Messagistes : M. DEBAEKE, directeur (Dunkerque) ;

3º Application de l'article 70 du décret du 8 thermidor AN XIII : M. DEBAEKE, directeur (Dunkerque) ;

4º Changement de dénomination des Monts-de-Piété : M. Charles LAURENT, administrateur (Toulon) ;

5º Prêts sur brevets de pension et valeurs mobilières : M. Charles LAURENT, administrateur (Toulon) ;

6º Rétablissement du bureau de garantie dans les villes dotées de Mont-de-Piété : M. Charles LAURENT, administrateur (Toulon).

DEUXIÈME SÉANCE

Mardi 26 novembre 1907 (soir)

7º Du trafic des reconnaissances : M. LESBROS, directeur, (Marseille) ;
Du trafic des reconnaissances : M. BLANCHEMAIN, inspecteur (Paris) ;

8º Séparation des Monts-de-Piété et des établissements de Bienfaisance : M. Charles BLANC, administrateur, (Marseille) ;

9º Des oppositions et retraits sous caution : M. VIDAL-NAQUET, administrateur (Marseille) ;

TROISIÈME SÉANCE

Mercredi 27 novembre 1907 (soir)

10° De l'Emprunt : M. Couve, administrateur (Marseille) ;
De l'Emprunt ; M. Hermitte, directeur (Toulon) ;
11° Du Personnel : M. Barthelet, président (Marseille);
12° Périodicité des Congrès des Monts-de-Piété et organisation d'un Conseil Supérieur des Monts-de-Piété :

M. Barthelet, président, Marseille.

M. Barthelet. — Messieurs, notre ordre du jour étant ainsi réglé, vous avez à constituer votre Bureau du Congrès. Il vous faut d'abord nommer votre président.

Plusieurs voix — Il est tout désigné.

M. Barthelet est nommé Président du Congrès par acclamations.

M. Barthelet. — Messieurs, je vous remercie. Je vous indique que, pour vous faciliter les nominations, j'ai fait établir une liste par ordre alphabétique de tous les Monts-de- Piété présents et si vous n'y voyez pas d'inconvénients, je vous propose de suivre simplement l'ordre de cette liste, de telle sorte que les nominations se fassent d'une façon, en quelque sorte, mécanique.

Cette proposition est adoptée et le Bureau définitif du Congrès est ainsi complété :

Vice-*Présidents* : M. BAILLE, ordonnateur du Mont-de-Piété d'Aix ; M. PRADEL, administrateur du Mont-de-Piété de Bordeaux ;

Secrétaire : M. DEBAECKE, directeur du Mont-de-Piété de Dunkerque.

M. Barthelet. — Vous avez maintenant à fixer les bureaux des différentes séances.

Continuant à prendre dans la liste alphabétique, sont successivement désignés :

Pour la Séance du Mardi 26 novembre 1907 (matin)

Président : M. ALDEBERT, directeur du Mont-de-Piété de Lille.

Vice-Présidents : M. COHENDY, président du Conseil d'administration du Mont-de-Piété de Lyon ; M. VIDAL-NAQUET, administrateur du Mont-de-Piété de Marseille.

Secrétaire : M. ROUBION, administrateur du Mont-de-Piété de Nice.

Pour la Séance du Mardi 26 Novembre 1907 (soir)

Président : M. HUET, directeur du Mont-de-Piété de Nimes.

Vice-Présidents : M. BLANCHEMAIN, inspecteur du Mont-de-Piété de Paris; M. BEAURAIN, directeur du Mont-de-Piété de Rouen.

Secrétaire : M. Ch. LAURENT, administrateur du Mont-de-Piété de Toulon.

Pour la Séance du Mercredi 27 Novembre 1907 (Soir)

Président : M. VINCLAIRE, directeur du Mont-de-Piété de Bordeaux.

Vice-Présidents : M. DESPIERRES, administrateur du Mont-de-Piété de Lyon ; M. Ch. BLANC, administrateur du Mont de-Piété de Marseille.

Secrétaire : M. BURTET, contrôleur du Mont-de-Piété de Nice.

Un Congressiste. — Messieurs, nous avons parmi nous deux étrangers amis de la France et je vous proposerai de les nommer présidents d'honneur du Congrès.

Cette proposition est adoptée par acclamations et MM. FRANZ VAN CAMP, directeur du Mont-de-Piété d'Anvers, PITTARD, directeur de la Caisse publique de prêts sur gages de Genève, sont nommés présidents d'honneur.

La séance est levée.

Troisième Séance

à l'Hôtel de Ville

le mardi 26 novembre (matin)

———

Président : M. ALDEBERT, directeur du Mont-de-Piété de Lille ;

Vice-Présidents : M. COHENDY, président du Conseil d'administration du Mont-de-Piété de Lyon ;

M. VIDAL-NAQUET, administrateur du Mont-de-Piété de Marseille ;

Secrétaire : M. ROUBION, administrateur du Mont-de-Piété de Nice.

M. le Président donne la parole à M. Lesbros, directeur du Mont-de-Piété de Marseille, pour la lecture de la correspondance des Monts-de-Piété suivants, s'excusant de n'avoir pu assister au Congrès :

Arras, Boulogne-sur-Mer, Beaucaire, Besançon, Brest, Calais, Constantine, Dijon, Douai, l'Isle-sur-Sorgue, Nantes, Orléans, Oran, Roubaix, Saint-Germain-en-Laye, Saint-Quentin, Tarascon, Versailles.

M. Lesbros (Marseille). — Nous avons reçu aussi des lettres d'excuse des Monts-de-Piété de Bruxelles et de Monaco qui forment des vœux pour la réussite de notre Congrès, et du Mont-de-Piété de Milan, regrettant également de ne pouvoir y assister, mais qui nous a envoyé une brochure très intéressante sur le IVe Congrès des Monts-de-Piété italiens.

M. le Président. — Si vous n'avez pas d'observation à faire sur cette correspondance, nous allons aborder l'ordre du jour de la séance.

L'ordre du jour appelle la question des *Assurances*. La parole est à M. Claude Brun, conseiller municipal, administrateur du Mont-de-Piété de Marseille.

M. Brun. — Messieurs, vous avez bien voulu me charger de vous faire un rapport sur les meilleurs procédés qui pourraient être employés par les Monts-de-Piété, pour l'assurance de leurs immeubles, mobilier, matériel industriel, gages en magasin, recours des locataires et des voisins. J'ai l'honneur de vous faire part des observations que le mode actuellement suivi m'a suggérées.

Les Monts-de-Piété, d'après l'enquête à laquelle nous nous sommes livrés, sont assurés aux diverses grandes Compagnies d'assurances :

La Nationale, l'Urbaine, la Providence, la France, l'Union, le Phénix, les Assurances Générales, l'Abeille, le Soleil, l'Aigle, la Confiance, le Nord, etc., etc.

Le montant de l'assurance de quelques-uns d'entre eux, pris comme exemples, s'élève à la somme de 67.554.775 francs, répartie comme suit :

Marseille	9.975.000
Bordeaux...............	11.131.000
Dijon...................	1.419.775
A reporter.....	12.525.775

	Report.......	12.525.775
Aix....................		377.000
Toulon		1.198.000
Toulouse		6 636.000
Nimes.................		1.000.000
Avignon		1.239.000
Le Havre.............		2.976.000
Lyon		11.260.000
Alger.................		5.385.000
Nice.................		6.265.000
Lille.................		1.699.000
Oran		4.562.000
Rouen		2.432.000
Soit, total égal.....		67.554.775

Voyons, sur cette somme quelle est la prime annuelle
payée aux Compagnies d'assurances. A défaut de renseignements plus exacts, nous pouvons y arriver par
comparaison.

En effet, en prenant pour base la prime de 4.364 fr. 14
payée par le Mont-de-Piété de Marseille et sachant que
les Compagnies assurant les Monts-de-Piété des diverses
villes que je viens d'indiquer sont à peu de chose près
les mêmes, nous trouvons que cette prime de 4.367,14
assure une somme de 9.975.000.

Or, les divers établissements énumérés ci-dessus
payeront pour une somme assurée de 67.554.775, une
prime annuelle de 30.000 francs en chiffres ronds. Je
n'envisage ici que l'assurance incendie, laissant de côté
pour le moment l'assurance accident, tous les Monts-de-
Piété n'ayant pas cru y avoir recours encore.

Ainsi, voilà une prime de 30.000 francs payée annuellement aux Compagnies d'assurances par un certain nombre de Monts-de-Piété de France. Voyons les risques courus par les Compagnies et leur bénéfice, afin de pouvoir examiner avec connaissance de cause si les Monts-de-Piété n'auraient pas intérêt à combiner une action commune en vue de contracter une assurance générale entre eux, assurance qui pourrait aboutir à un important rabais et par conséquent à un bénéfice annuel sur les primes à payer.

Si nous prenons le compte rendu de l'exercice 1905, pour les seize plus anciennes Compagnies d'assurances dont j'ai donné les noms, nous trouvons qu'elles ont touché, cette année-là, un total de primes nettes (impôt non compris) s'élevant à la coquette somme de 125 millions 1|2 de francs, sur laquelle elles ont rendu un peu plus de 63 millions aux assurés comme indemnités d'incendie.

On peut donc dire avec quelque apparence de raison que le total des indemnités versées aux assurés représente la moitié, soit 50 0|0 du total des primes nettes payées par eux, impôt non compris et, que l'autre moitié, 50 0|0 ou une somme à peu près égale représente le total des bénéfices répartis entre les actionnaires, frais de commission, frais généraux, etc., etc.

Et, si nous poussions plus loin la comparaison, nous verrions que dans certains départements les indemnités d'incendie s'élèvent à peine au quart des sommes payées, d'où bénéfice plus important pour les Compagnies.

Or, en présence de ces chiffres, il y aurait tout intérêt, à mon avis, à examiner cette action commune des Monts-de-Piété de France, en vue de contracter une assurance générale et j'ai l'honneur de vous proposer de vouloir bien prendre cette demande en sérieuse considération.

D'autre part, il serait également désirable d'obtenir une assurance flottante en ce qui concerne particulièrement les gages en magasin dont le stock est variable et dont les primes devraient également varier en raison de ces fluctuations.

Il faut aussi noter, chose qui militerait en faveur de ma proposition, que les Compagnies ont refusé au Mont-de-Piété de Marseille d'assurer les risques sur gages de valeurs mobilières, opération qui leur est, paraît-il, interdite par leurs statuts généraux. Il est cependant facile de comprendre que les valeurs mobilières ont chez nous la forme de nantissements, c'est-à-dire que le stock que nous en avons en portefeuille est constatable et vérifiable par nos écritures, ce qui n'existe pas chez les particuliers qui, en cas de sinistre, pourraient réclamer contre la destruction de valeurs qu'ils ne possèdent plus.

Il y a en outre la question des assurances contre les accidents du personnel qu'il serait utile d'envisager comme l'ont déjà fait les Monts-de-Piété de Bordeaux, Calais, Valenciennes, Nimes, Dijon, Lille, Oran, Reims, où diverses catégories d'employés sont assurés. Là aussi, il pourrait y avoir une assurance générale des Monts-de-Piété de France.

D'ailleurs, ce genre d'assurances mutuelles incendie et accident existe déjà entre divers syndicats agricoles et les résultats acquis font bien augurer de l'avenir ; aussi, sans entrer dans de plus amples détails, me bornant pour cette année à vous signaler le moyen propre à vous créer de nouveaux bénéfices dont profiteraient nos engagistes, vous prierai-je, Messieurs, de mettre cette question à l'étude, afin qu'elle puisse être traitée avec plus d'ampleur et de détails et résolue enfin dans un prochain Congrès. (*Applaudissements*).

M. le Président. — Quelqu'un demande-t-il la parole ?

M. Ricard (Avignon). — Messieurs,

Cette question des assurances est très intéressante, mais il faut considérer que les unités assurées visent de très gros capitaux, mais sont peu nombreuses et que, par conséquent, le risque n'est pas suffisamment réparti. Je crois que si nous devons pousser plus loin l'étude de l'assurance mutuelle des divers Monts-de-Piété, il faudrait en même temps étudier la question de la réassurance.

En effet, j'estime que si nous n'étions pas réassurés pour la plus grande partie de nos risques à des Compagnies de tout repos nous serions exposés à nous trouver dans une situation très pénible.

Dans tous les cas, je crois que nous pouvons obtenir des réductions sensibles sur les primes en mettant en concurrence les diverses Compagnies. A un moment donné nous avions 4 compagnies à primes fixes qui nous assuraient. Nous leur avons demandé une réduction de leur prime ; elles nous ont refusé en nous disant : Nous avons des engagements les unes vis-à-vis des autres et cela nous est impossible. Nous nous sommes alors adressés à deux grandes mutuelles : « La Mutuelle Seine et Seine-et-Oise » et la « Mutuelle de Rouen ». Elles nous ont accordé une réduction de 40 %. En voyant cela les Compagnies à primes fixes nous ont fait savoir qu'elles voulaient bien nous accorder les mêmes tar'fs. Nous avons accepté et nous nous sommes assurés à la fois à elles et aux mutuelles. Nous avons réalisé de ce fait une économie de près de 40 % par an. Je livre le moyen aux diverses administrations des Monts-de-Piété ici présents.

M. le Président. — Personne ne demande plus la parole ?

M. Picard (Paris). — Messieurs, je ne veux faire qu'une remarque : elle a trait à la question des assurances contre les accidents. Au moment de l'Exposition de 1900, nous avons été à Paris dans l'obligation de détacher deux de nos employés pour installer divers graphiques à l'Exposition. Ces mêmes employés furent chargés de déplacer divers tableaux et l'Administration de l'Exposition n'ayant pas pris toutes mesures de précaution nécessaires, l'un d'eux fit un faux pas, entraînant une blessure qui détermina pour lui une hernie de l'estomac. Nous fûmes condamnés à payer une rente à cet employé.

Nous tentâmes une action reconventionnelle contre l'Exposition Universelle ; le résultat fut nul. On nous dit : Les Monts-de-Piété figurent dans les établissements qui doivent assurer leurs employés : un employé se blesse à votre service, vous êtes dans l'obligation de lui servir une pension. Je crois donc qu'il y a avantage à ce que tous les Monts-de-Piété couvrent ces risques particuliers relatifs aux accidents du travail.

Je ne parlerai pas de l'assurance en ce qui concerne les opérations sur les valeurs mobilières : nos titres sont en effet emmagasinés dans des caveaux où ils ne courent aucun risque.

Enfin pour terminer, à titre de renseignement, je vous indiquerai que le Mont-de-Piété de Paris est assuré pour 12.000.000 et paie 25.000 francs par an de primes.

M. Vidal-Naquet (Marseille). — Dans le même ordre d'idées, je demanderai que le Congrès émette le vœu que tous les Monts-de-Piété assurassent leurs employés. Ce vœu émis, chaque Mont-de-Piété en appréciera l'importance et les quelques établissements qui n'ont pas pris encore cette mesure de prévoyance pourront la prendre.

M. Picard (Paris). — Messieurs, je voudrais dire encore un mot de la situation d'un Mont-de-Piété en cas d'incendie. Il y a quelques années, le Mont-de-Piété de Naples a été détruit par le feu : il serait intéressant de connaitre comment les emprunteurs ont été indemnisés ; je soumets au Congrès l'idée de consulter à cet égard le Mont-de-Piété de Naples.

M. le Président. — On pourra, en effet, lui demander des renseignements à cet égard et je signale, en passant, que le Mont-de-Piété de Roubaix a été incendié aussi il y a quelques années.

M. Cohendy (Lyon). — Est-ce que la question de la responsabilité en ce qui concerne les accidents a été ugée par la Cour de Cassation ? Je vous demande cela, parce que, à mon avis, car j'ai étudié la question, il n'y a pas un danger imminent à ne pas assurer notre personnel. Je crois, en effet, que notre responsabilité est celle, non pas de la loi de 1898, mais bien celle de l'article 1382 du Code Civil qui est beaucoup moins grave. Nous ne sommes jusqu'à nouvel ordre, ni établissement industriel, ni établissement commercial, nous sommes établissement de bienfaisance ; par conséquent, si vous n'avez pas d'arrêt de la Cour de Cassation faisant jurisprudence, je ne crois pas que nous soyons obligés de nous assurer. Je sais bien qu'il est toujours bon d'assurer notre personnel ; toutefois, je tiens à vous signaler qu'il y a une différence, et une différence considérable, entre l'assurance couvrant les risques professionnels de la loi de 1898 et l'assurance contre la responsabilité de droit commun de l'article 1382 ; aussi les primes d'assurance sont-elles beaucoup plus élevées lorsqu'il s'agit de la responsabilité de la loi de 1898, que lorsqu'il s'agit de la responsabilité de droit commun.

C'est là un point qu'il ne faudrait pas perdre de vue dans cette question et c'est celui auquel nous nous sommes placés lorsque nous avons assuré nous-mêmes notre personnel.

M. Vidal-Naquet (Marseille).— Quoi qu'il en soit, je crois qu'il est nécessaire et utile d'assurer notre personnel. D'ailleurs, nous pouvons nous assurer à l'Etat car l'Etat assure dans des conditions peut-être plus favora-

bles que tous autres. L'Etat discute, en effet, rarement ;
j'ai eu l'honneur d'être l'avoué d'industriels chez qui des
accidents s'étaient produits et on a toujours transigé. Il
serait donc utile que le Congrès émit le vœu que tous les
Monts-de-Piété de France contractassent une assurance
contre la responsabilité encourue en cas d'accident, soit
qu'il s'agisse de la responsabilité de droit commun de
l'article 1382, soit qu'il s'agisse des risques professionnels de la loi de 1898.

Je crains d'ailleurs qu'on interprète que les Monts-de-
Piété sont des industriels, parce qu'ils sont, en fait, des
Commissionnaires, des Banquiers.

M. Picard (Paris). — Ç'a été le sentiment de nos
conseils, parmi lesquels se trouvent Me Berryer et
Me Carpentier. C'est ce dernier, d'ailleurs, qui avait été
chargé de la question dont je vous ai parlé tout à l'heure.
Nous nous sommes renseignés au Ministère du Commerce et à la Préfecture de la Seine. Partout on a estimé
que les Monts-de-Piété doivent assurer leur personnel. Il
y a danger à ne pas le faire. Nous pourrons vous fournir,
si vous le désirez, la date des jugements rendus.

M. le Président. — Si personne n'a d'autres observations à faire, je donnerai la parole à M. Claude Brun,
pour répondre aux questions qui viennent d'être soulevées sur son rapport.

M. Claude Brun. — La question de la réassurance,
Messieurs, est une question très importante qui résulte
directement de mon rapport.

M. Ricard (Avignon). — Il serait à souhaiter qu'au prochain Congrès on apportât une solution ; mais il ne faut pas perdre de vue que les Compagnies ne verront pas avec plaisir des clients aussi importants que les Monts-de-Piété leur échapper. Elles essayeront donc d'empêcher la réassurance et si l'on veut aboutir, il faut avant tout entrer en pourparlers avec des Compagnies très sérieuses, à fortes réserves, susceptibles de consentir à réassurer.

M. Barthelet. — J'indique que si l'on ne trouve pas de compagnie française, on pourrait, au demeurant, s'adresser aux compagnies étrangères, anglaises par exemple, pour faire composer les compagnies françaises. Nous avons eu, ici, à étudier cette question, et nous n'avons pu agir sur les compagnies françaises qu'en les menaçant de nous passer d'elles et de traiter avec des compagnies étrangères.

M. Beaurain (Rouen). — J'avais demandé la parole, Messieurs, pour vous dire que la loi sur les accidents n'est pas applicable aux Monts-de-Piété, mais que les commissionnaires, par contre, sont prévus dans la loi.

M. Pradel (Bordeaux). — La remarque de M. Barthelet au sujet des compagnies étrangères est d'autant plus intéressante que, en dehors même de la question de réassurance, on peut être appelé à faire appel à ces compagnies étrangères. C'est ainsi qu'à Bordeaux, où nous payons des primes annuelles pour un chiffre assuré de 11.000.000 de francs, nous nous sommes trouvés, à un moment donné, en face de toutes les compagnies françaises ayant épuisé le plein de l'assurance qu'elles pouvaient nous consentir. Notre Conseil d'administration, ainsi obligé de s'adresser autre part, s'adressa à des compagnies étrangères ; on nous mit en rapport avec *Le Sun* et diverses autres assurances anglaises, *Le Phénix Espagnol*, etc. J'ajoute que la Compagnie d'Assurances Générales, qui était la seule à ne rien nous avoir assuré avant, quand elle vit cela, nous consentit immédiatement un plein de 400.000 fr. Nous avons donc aujourd'hui comme assurances toutes les grandes compagnies françaises sans exception, plus un certain nombre de compagnies étrangères.

M. Beaurain (Rouen). — Quel taux fait-on payer ?

M. Pradel (Bordeaux). — Les primes s'élèvent annuellement entre 7 et 8.000 francs.

M. le Président. — Messieurs, personne ne demande la parole sur cette question ; je mets aux voix les conclusions suivantes du rapport présenté par M. Claude Brun :

« *Le Congrès des Monts-de-Piété de France décide la*
« *mise à l'étude d'une assurance mutuelle, incendie et*
« *accident, commune aux Monts-de-Piété de France et*
« *d'une assurance flottante à primes variables pour les*
« *gages dont le stock est sujet à fluctuations.* »

Ces conclusions sont adoptées à l'unanimité.

M. Cohendy (Lyon). — Il serait peut-être bon de prier M. Brun de nous présenter un projet définitif lors du prochain Congrès.

M. le Président. — Je mets aux voix la proposition faite par M. Cohendy.

Cette proposition est adoptée à l'unanimité.

M. le Président. — Nous passons à la deuxième question : « *Des Correspondants et des Messagistes.* »

La parole est à M. Debaecke, directeur du Mont-de-Piété de Dunkerque.

M. Debaecke (Dunkerque). — Je dois d'abord vous dire, Messieurs, qu'il s'agit là d'une question que je pose au Congrès et non d'un rapport.

Il s'est établi, auprès de presque tous les Monts-de-Piété, des commerçants remplissant le rôle d'intermédiaires habituels entre le public et nos établissements. Que ces commerçants se désignent en faisant connaître au public qu'ils font des commissions ou la commission au Mont-de-Piété de X..., ou qu'ils soient correspondants d'un commissionnaire officiel du Mont-de-Piété, ou messagistes lorsqu'ils habitent une autre ville que celle où siège l'établissement, ils ne sont en aucun cas désignés par les Monts-de-Piété. Ce sont des mandataires choisis exclusivement par le public ; si parfois un commissionnaire attitré a choisi lui-même un correspondant, il n'a pu le faire qu'en outrepassant son mandat, et ce correspondant ne devient pas pour cela le représentant du Mont-de-Piété.

Cette situation n'est pas toujours bien connue du public qui fait souvent remonter jusqu'à nous la responsabilité de l'augmentation des charges résultant de l'emploi de ces intermédiaires et aussi des abus qu'ils peuvent commettre dans leurs opérations.

En effet, ces opérations n'auraient rien que de licite s'ils se bornaient à présenter le gage dans nos bureaux et, l'engagement effectué, à rapporter immédiatement à leur client le montant du prêt, sous déduction d'une rémunération.

Mais nous savons qu'en réalité il n'en est pas ainsi, et que l'intermédiaire, dans la plupart des cas, remet une somme à son client avant toute présentation du gage dans nos bureaux ; cette somme peut être supérieure au montant du prêt consenti par l'établissement. Il en arrive de la sorte à effectuer lui-même et pour son compte des prêts sur gages à ses clients. Souvent aussi, il est amené au trafic des reconnaissances.

Ces abus si faciles à commettre sont très difficiles à constater et, dans l'état actuel de la législation, nous ne pouvons agir sans recourir à des mesures qu'on peut qualifier d'arbitraires, l'intermédiaire librement choisi par le public ne devant compte qu'à son mandant, sauf le cas de crime ou délit.

Nous ne pouvons pourtant rester indifférents devant un tel état de choses et nous ne croyons pas que l'institution de commissionnaires officiels, là où il n'en existe pas encore, puisse rien y changer, à moins qu'une loi ne vienne interdire l'exercice de la profession des intermédiaires non officiels, mesure générale qui atteindrait aussi bien les intermédiaires corrects que les autres et léserait ainsi des droits en quelque sorte acquis par un long usage et presque officiellement consacrés par l imposition d'une patente spéciale.

La solution de la question ne paraît pouvoir être donnée que par les pouvoirs publics ; il leur appartient de faire réglementer l'exercice de la profession d'intermédiaires officiels par une loi. Des mesures administratives seraient insuffisantes, parce qu'elles resteraient sans sanction.

C'est sur cette situation que j'appelle une délibération du Congrès, le priant, le cas échéant, de formuler un vœu dans le sens que je viens d'indiquer.

M. Sens (Bordeaux). — Nous avons, Messieurs, beaucoup de correspondants en France ; je vais vous en dire un mot. Les correspondants actuels sont de simples messagistes dont l'existence légale est reconnue par un arrêt de la Cour de Cassation. Toutes les opérations de ces correspondants se font sous leur entière responsabilité et le Mont-de-Piété n'intervient qu'autant qu'il y a des réclamations.

J'ajoute que le Mont-de-Piété de Bordeaux se trouve très bien de l'existence de ces correspondants. Il demande que les Pouvoirs Publics n'interviennent en aucune façon dans leur fonctionnement, car il désire simplement que les choses restent en l'état.

M. Beaurain (Rouen). — Le raisonnement de notre collègue est peut-être excellent, mais il ne s'agit pas de voir seulement la question affaire, il faut voir aussi l'exploitation des malheureux qui s'adressent à ces intermédiaires, car ceux-ci ont l'inconvénient de faire payer excessivement cher les prêts qu'ils consentent : notez que les taux arrivent à varier entre 60 et 120 0/0..

A mon sens, nous devons faire passer au premier

plan la question humanitaire et il serait préférable de demander que les Monts-de-Piété fussent plus nombreux : nous avons 45 ou 46 Monts-de-Piété en France, il y en a 600 en Italie.

M. Sens (Bordeaux). — Je crois que nous n'avons pas à intervenir dans la création de nouveaux Monts-de-Piété : c'est affaire aux Villes à prendre cette initiative.

M. Barthelet (Marseille). — Tout ce que nous entendons en ce moment nous étonne un peu, nous, à Marseille. On nous a refusé même d'avoir des commissionnaires et nous apprenons que vous avez des correspondants, des messagistes, toutes sortes d'intermédiaires que nous ignorons. Nous serions assez heureux de savoir si ce sont des commissionnaires officiels ou des commissionnaires marrons qui, eux, se livrent à l'exploitation de la misère de la façon la plus odieuse : car, nous le savons, notre collègue n'exagérait rien quand il vous parlait de taux de 120 %.

En résumé, est-ce qu'il existe des commissionnaires officiels ?

M. Aldebert (Lille). — Nous avons supprimé les commissionnaires marrons.

M. Ricard (Avignon). — Même situation à Avignon.

M. Sens (Bordeaux). — Le véritable moyen d'empêcher les commissionnaires marrons, c'est de créer des commissionnaires officiels : il y a de pauvres diables qui préfèrent s'adresser à ces commissionnaires que d'aller au Mont-de-Piété central.

M. Pradel (Bordeaux). — Nous estimons que l'existence des commissionnaires est une source de vie pour les établissements qui les ont conservés. La meilleure preuve est que les Monts-de-Piété qui les ont supprimés brûlent du désir de les reconstituer. A Bordeaux, les 6 commissionnaires du Mont-de-Piété font chaque jour les 9/10 des opérations de cet établissement et celui qui en fait le plus est installé à 200 mètres des bureaux du Mont-de-Piété. L'utilité des commissionnaires est justifiée par le fait que 60 à 80.000 petits engagements de deux à trois francs restent sous leur entière garantie à la vente. D'ailleurs, ils sont soumis à des règlements très stricts, surveillés par un Inspecteur et nommés par le Conseil d'Administration qui les choisit parmi les employés du Mont-de-Piété ayant fait un stage d'un an chez un commissionnaire et possédant les aptitudes voulues et le capital nécessaire pour servir de cautionnement. Ces employés y trouvent une amélioration de leur situation et tout le monde n'a qu'à s'en louer.

M. Cohendy (Lyon). — Je ne veux pas, Messieurs, entrer dans le détail de la question, mais je suis obligé de m'inscrire en faux contre les indications de notre collègue. M. l'Administrateur du Mont-de-Piété de Bordeaux affirme que les villes dans lesquelles les commissionnaires ont été supprimés regrettent cette suppression et brûlent du désir de les rétablir. Je suis obligé de protester : nous avons supprimé les commissionnaires locaux et nous ne regrettons pas cette mesure. Cependant, Lyon est une ville très étendue : nous avons un Mont-de-Piété et un bureau auxiliaire, nos opérations n'ont pas diminué.

Il faut se placer avant tout au point de vue humanitaire et il est certain que la suppression des commissionnaires économise aux emprunteurs le tant pour cent qu'ils prélèvent en sus de l'intérêt exigé par le Mont-de-Piété.

M. Franz van Camp (Anvers). — Messieurs, sans entrer dans la discussion, je puis vous dire qu'en Belgique, la loi de 1848 a supprimé l'existence de ces commissionnaires. Nous ne devons pas perdre de vue que leur maintien est une espèce de dégradation pour les Monts-de-Piété. Les opérations faites avec les Monts-de-Piété sont de celles dont il ne faut ni rougir ni se vanter; mais laissez-moi vous dire, toutefois, que le meilleur moyen de relever le prestige de ces établissements c'est d'en rendre le local convenable, d'en faire une espèce de banque, de l'approprier d'une façon attrayante et alors, quand il se rendra dans un pareil édifice, installé confortablement, l'emprunteur n'éprouvera aucune répugnance à y pénétrer.

Je vous donne mon avis en me basant sur ce qui existe en Belgique. Vous dites qu'un commissionnaire installé à 200 mètres de chez vous est celui qui fait le plus d'affaires. Eh bien, je crois que c'est une simple question d'habitude. Supprimez-le et je puis vous donner l'assurance qu'avant trois mois vous aurez augmenté le chiffre d'affaires, si vous organisez votre local en conséquence.

M. Vidal-Naquet. — Avez-vous augmenté le nombre de vos engagements à Bordeaux depuis l'institution des commissionnaires?

M. Sens (Bordeaux). — Ils ont toujours existé; quant à ce que vient de dire notre collègue d'Anvers, laissez-moi lui répondre que ce n'est pas l'or qui attire le pauvre diable : s'il va chez le commissionnaire, c'est parce qu'il y a une porte moins grande où il a moins de chances d'être remarqué. Notre Mont-de-Piété n'est pas précisément une bicoque : il est dans un immeuble qui vaut six cents et quelque mille francs et cela n'empêche pas l'emprunteur d'aller chez le commissionnaire qui est plus dissimulé, quoique dans un bureau marquant beaucoup plus mal.

M. Blanchemain (Paris). — A Paris, depuis 1887, nous avons supprimé les commissionnaires. Ce n'est pas seulement en raison de leurs agissements, mais c'est parce que l'Administration a toujours considéré que faire payer un intérêt aussi considérable que celui qu'exigent ces intermédiaires est onéreux à la population qui s'adresse à nos établissements. A Paris, à l'époque de leur suppression on payait encore 9 % d'intérêt, plus 1/2 % de droit de prisée; les commissionnaires prélevaient 2 % pour les engagements et 1 % pour les dégagements, de telle sorte que l'emprunteur arrivait à payer le chiffre considérable de 12 1/2 % de son prêt : c'est là la principale cause qui a fait supprimer ces commissionnaires.

Depuis lors, certains ont prétendu que cela avait

nui à nos opérations : nous ne nous en sommes pas aperçus.

Je dois vous dire que dans Paris il y a 22 bureaux auxiliaires et que ces bureaux ont hérité, pour la plupart, de la clientèle des commissionnaires. Ces bureaux auxiliaires sont autorisés à prêter sans limites ; quant à nous, nous estimons que l'établissement n'a rien perdu et je n'en donnerai qu'une preuve : il y a 25 ans nous avions annuellement environ 1.800 prêts de 4 chiffres par an, nous en avons actuellement plus de 3.000. En somme, cette suppression était morale. Nous n'avons plus exigé que notre intérêt de 9 %, puis 8, puis 7 pour revenir enfin à 8 et les emprunteurs n'ont rien eu à paver en plus.

M. Sens (Bordeaux). — Nous prêtons à 9 % tout compris, par l'intermédiaire des commissionnaires.

M. Blanchemain (Paris). — Si le Mont-de-Piété de Paris est obligé de prendre 8 0/0, c'est que ses frais généraux sont considérables. Nous empruntons à 3 0/0, nous avons un buget en recettes et en dépenses de plus de 200.000.000 de fr., et nos prêts s'élèvent à 70.000.000 de francs, notre personnel ne comprend pas moins de 550 à 560 employés : cela justifie le taux de 8 0/0 dont je viens de vous parler.

M. Sens (Bordeaux). — Il vaudrait mieux diminuer les frais généraux.

M. Cohendy (Lyon). — La question est de savoir si

les commissionnaires augmentent les charges de l'engagiste:

M. Barthelet (Marseille). — Mais il ne faut pas perdre de vue que les bureaux auxiliaires entrainent des frais au Mont-de-Piété qui doit les faire payer à ses emprunteurs, de telle sorte que le Mont-de-Piété doit prélever plus lorsqu'il n'y a pas de commissionnaires que lorsqu'il y en a. C'est une simple remarque que je fais:

M. Sens (Bordeaux). — Et vous avez raison.

M. Blanchemain (Paris). — L'emprunteur paie certainement moins avec le système des bureaux auxiliaires que lorsqu'il se servait des commissionnaires. D'ailleurs, en ce qui concerne les Monts-de-Piété de province — je ne parle pas de Marseille où il pourrait y avoir un ou deux bureaux auxiliaires — la suppression des commissionnaires ne doit pas augmenter les frais généraux.

M. Beaurain (Rouen).— Je désirerais beaucoup qu'il ne restât pas une mauvaise impression sur les commissionnaires officiels. Ces commissionnaires sont des gens surveillés qui font des opérations régulières. Mais ce qu'il faut rechercher, c'est la suppression de ces commissionnaires marrons dont j'ai vu un grand nombre à Bordeaux.

Notre collègue d'Anvers nous parlait d'une loi de 1848 qui existe en Belgique. Il est bon de la citer. Dans son article 19, cette loi indique que :

« Les individus qui auront porté habituellement des
« effets aux bureaux des Monts-de-Piété pour autrui et
« moyennant rétribution ;

« Ceux qui auront acheté habituellement des recon-
« naissances du Mont-de-Piété ;

« Ceux qui auront cédé ou acheté des reconnaissances
« dans le cas de l'article 24, seront punis des peines
« prononcées par l'article 308 du Code pénal. »

Si nous avions une législation semblable en France,
nous verrions rapidement disparaître ces commissionnaires marrons.

M. Blanchemain (Paris).— Et c'est à souhaiter, car
si nous considérons les marchands de reconnaissances,
il n'y en a pas moins de 3 à 4.000 à Paris.

M. Vidal-Naquet (Marseille). — Il n'y aurait qu'à
solliciter du Parlement l'introduction d'un mot dans le
Code pénal visant les personnes se livrant à ces sortes
d'opérations. Jusqu'à présent, les Tribunaux les ont
toujours acquittées faute d'un texte de loi à leur appliquer ou, pour être plus exact, les Parquets ne les
poursuivent pas.

M. Blanchemain (Paris). — C'est la conclusion du
travail que je présenterai ce soir.

M. le Président. — Dans ces conditions, je crois
qu'on pourrait joindre cette question à celle qui sera
traitée par M. Blanchemain.

Adopté.

M. le Président. — Nous passons alors à la troisième question : « *Application de l'article 70 du décret du 8 thermidor an XIII.* »

La parole est à M. Debaecke, directeur du Mont-de-Piété de Dunkerque.

M. Debaecke. — L'article 70 du décret du 8 thermidor an XIII, concernant particulièrement le Mont-de-Piété de Paris, autorise cet établissement, en cas de revendication d'un objet volé, à réclamer du propriétaire le montant des sommes dues sur les gages.

Bien peu de Monts-de-Piété peuvent se prévaloir de pareille disposition, beaucoup ayant été créés après la promulgation de l'article 2279 du Code Civil, qui autorise le propriétaire d'un objet volé à le revendiquer même contre les tiers de bonne foi.

Les motifs qui ont édicté cet article 2279 ne paraîtraient pas devoir trouver leur application lorsqu'il s'agit d'un établissement philanthropique, prêtant sur gages en observant d'ailleurs toutes les formalités réglementaires.

Et si nos établissements devaient être considérés comme étant sous l'empire du droit commun, c'est bien plutôt, et par analogie, l'art. 2280 du Code Civil qui devrait nous être appliqué. Nous ne pouvons être dans une situation plus défavorable que l'acheteur ayant acquis un objet volé dans une foire, dans un marché, dans une vente publique ou d'un marchand vendant des choses pareilles.

La question étant parfois discutée, je prie le Congrès

d'émettre le vœu que par voie législative le bénéfice de l'article 70 du décret du 8 thermidor an XIII soit étendu à tous les Monts-de-Piété.

M. Ricard (Avignon). — Il y a une circulaire du Garde des Sceaux qui prévoit le cas.

M. Blanchemain (Paris). — C'est la circulaire qui dit que jamais on ne doit rendre aux intéressés, mais bien aux Monts-de-Piété, les objets saisis chez eux et ayant servi de pièces à conviction ; mais ce n'est pas de cela qu'il s'agit, il s'agit d'un cas où on aurait consenti un prêt sur un objet revendiqué pour vol.

Voici d'ailleurs cet article :

« Lorsqu'un nantissement sur lequel il aura été accor-
« dé un prêt par le Mont-de-Piété sera revendiqué pour
« cause de vol ou pour toute autre cause, le réclamant
« sera tenu, pour s'en faire accorder la remise :

« 1° De justifier, dans les formes légales, de son droit
« de propriété sur l'objet réclamé ;

« 2° De rembourser, tant en principal qu'intérêts et
« droits, la somme pour laquelle l'effet a été laissé en
« nantissement, sauf, d'ailleurs, au réclamant à exercer
« son recours, ainsi qu'il avisera, contre le déposant,
« l'emprunteur et le répondant, le tout sans préjudice
« du recours contre le Directeur ou autres employés, en
« cas de fraude, dol ou négligence de l'exécution de
« l'article 47 du règlement. »

Cet article 70 permet donc de réclamer aux gens volés le montant du prêt sur ces objets. Nous nous sommes trouvés en butte à des réclamations de marchands de reconnaissances parce que nous avions rendu des objets contre restitution du prêt. On nous a fait un procès parce que le tiers porteur a considéré que nous n'avions pas le droit de rendre sans tenir compte de son propre droit. Nous avons gagné ce procès. Il a été frappé d'appel ; nous avons la quasi certitude que l'appel nous sera favorable, mais je tenais à soulever la question tout de même. Je dois dire que depuis le jugement intervenu, le Parquet Général, lorsqu'il nous envoie une autorisation, ne s'occupe plus des droits des tiers porteurs.

Quant à l'article 70 dont vous parliez, attendu que l'article 2279 a été promulgué avant le règlement du 8 thermidor, an XIII, il est exorbitant du droit commun : il tranche donc la question, et comme vous venez de le dire, il serait à désirer que cet article fût appliqué à la généralité des monts-de-piété.

Me **Rouvière** (Avocat-Conseil du Mont-de-Piété de Marseille). — Messieurs, la doctrine et la jurisprudence sont d'accord pour vous donner satisfaction. Il est donc permis d'exiger du tiers revendiqué le remboursement du prêt. Cette solution ne souffre d'exception que dans le cas où, en fait, il est démontré que le Mont-de-Piété a commis une faute en ne se préoccupant pas des conditions dans lesquelles le prêt avait été consenti. Vous avez un arrêt de la Cour de Cassation du 21 juillet 1857 que j'ai trouvé à propos d'une consultation que j'ai donnée au Conseil d'Administration de Marseille, qui pose en principe que cette exception doit s'appliquer toutes les fois qu'il est jugé que le Mont-de-Piété a reçu

des objets volés dans des conditions qui auraient dû
éveiller ses soupçons et provoquer de sa part une vérification. C'est donc une question de fait et c'est l'article
2280, paragraphe 1er et non l'article 2279 du Code Civil
qui trouve ici son application.

M. Debaecke (Dunkerque). — Dans la pratique, on
rencontre des difficultés auprès de MM. les Juges d'Instruction. C'est pourquoi nous demanderions au Parlement de se prononcer d'une façon plus catégorique.

Me Rouvière. — De grâce, Messieurs, ne multipliez
pas les textes de loi : des lois, nous en avons assez et
d'après elles la Jurisprudence est bien mieux placée
pour tenir compte des circonstances et s'accommoder des
faits.

M. le Président. — La discussion étant close sur ce
point, je mets aux voix les conclusions suivantes du
rapport de M. Debaecke :

« *Le Congrès des Monts-de-Piété de France émet le vœu*
« *que le bénéfice de l'article 70 du décret du 8 thermidor*
« *an XIII, autorisant le Mont-de-Piété de Paris, en cas*
« *de revendication d'un objet volé, à réclamer du proprié-*
« *taire le montant des sommes dues sur les gages, soit*
« *étendu à tous les Monts-de-Piété.* »

Ces conclusions sont adoptées.

M. le Président. — Nous passons à la question
« *Changement de dénomination des Monts-de-Piété.* »

La parole est à M. Charles Laurent, Administrateur du Mont-de-Piété de Toulon.

M. Ch. Laurent (Toulon). — Nous allons soumettre au Congrès une proposition qui, pour n'avoir pas été comprise dans le programme primitif, nous parait destinée néanmoins à jouer un rôle primordial dans l'œuvre de rénovation que vous entreprenez aujourd'hui.

Le pouvoir des mots est indéniable. Or, le nom seul de Mont-de-Piété, avec le caractère fondamental de charité communale qui lui est attaché, écarte un grand nombre de clients directs de notre caisse. Une répugnance invincible les empêche de pénétrer dans nos bureaux et beaucoup d'emprunteurs n'ont recours à nous qu'en se servant de cet intermédiaire onéreux mais discret, semble-t-il, qui s'appelle commissionnaire. Certes, d'autres causes font la fortune de ces agents tentateurs, mais nous croyons que si les Monts-de-Piété portaient un nom plus conforme au rôle que nous désirons leur voir remplir, la honte qui fait reculer des besogneux (momentanés souvent) n'existerait pas.

Le Mont-de-Piété est-il un établissement de charité ou un établissement de crédit ?

Tel est le point sur lequel on se débat depuis longtemps et qui crée la confusion dans les réglements d'institution.

On ne fait pas la charité lorsqu'on détient un gage répondant largement d'un prêt à intérêt.

Nous n'ignorons pas que certains Monts-de-Piété, par suite de dotations spéciales, peuvent faire grâce de l'intérêt pour les petits prêts, mais nous savons aussi que ces établissements font un nombre restreint d'opérations et c'est la forme charitable de leurs prêts qui est, à notre sens, la cause essentielle de leur peu d'activité.

L'emprunteur ne se classe pas volontiers parmi les humiliés, il préfèrera toujours servir un intérêt raisonnable et être considéré comme le client ordinaire d'une banque publique.

On peut même écarter la deuxième définition, car si le crédit est *la faculté de disposer momentanément du capital d'autrui contre une promesse de remboursement ultérieur*, le Mont-de-Piété n'accorde pas de crédit. Disons qu'il effectue l'échange momentané de deux capitaux, un capital espèces en retour d'un capital mobilier de valeur supérieure.

Définissons donc les Monts-de-Piété en traduisant simplement: Caisses publiques d'avances sur gages mobiliers.

Il faut appliquer à l'institution une dénomination chassant de l'esprit de l'emprunteur tout sentiment de répugnance.

Voici celle que nous proposons :

Banque publique d'avances sur gages mobiliers.

Si nous l'analysons, nous trouvons que les termes répondent bien au caractère des opérations qui s'y accomplissent.

Plus brièvement on pourrait dire :

Banque publique mobilière.

Nous ne tenons pas particulièrement à ces titres. A Genève, on a choisi celui de : « Caisse publique de prêts sur gages ». On pourrait préférer: « Banque

publique de prêts mobiliers » ou encore : « Banque
publique de prêts sur nantissements ».

Pour conclure, nous proposons la résolution suivante :

« Le Congrès émet le vœu de voir changer la déno-
« mination des Monts-de-Piété en indiquant subsidiai-
« rement les titres de : « Banque publique d'avances
« sur gages mobiliers » ou « Banque publique mobilière ».

M. Picard (Paris). — Cette question de dénomination nous a intéressés depuis longtemps, un vœu a
même été déposé pour que nos établissements fussent
appelés « Banque de Prêts sur Nantissements ». Des
objections ont été soulevées. Or, on va vous proposer
de porter les prêts sur valeurs mobilières à plus de
500 francs : il y a des chances pour que cette proposition, si vous l'adoptez, n'aide pas à nous faire accorder
de prendre le titre de Banque. Nous avons été en
rapports avec divers Ministres des Finances, et nous
avons toujours rencontré des résistances ; nous sentons
que les établissements financiers comme le Crédit Lyonnais, comme le Crédit Commercial et Industriel, comme
la Banque de France même, ne tiennent pas à ce que
nous puissions prêter au-dessus de 500 fr. Nous pouvons
donc dire que si nous adoptons la proposition qui nous
est faite, nous risquons de nous créer une arme contre
nous.

Je ne critique nullement la proposition en elle-même ;
je montre simplement les inconvénients que pourrait
présenter son adoption. En résumé, je crois qu'on
pourrait réserver la question et attendre, plutôt que de

risquer, à cause d'elle, de faire échouer des propositions que tous les Monts-de-Piété ont à cœur et qui ont
des chances de réussir.

M. Laurent (Toulon). — Nous avons fait une proposition, mais nous ne demandons pas du tout à ce qu'il y
soit donné suite immédiatement.

M. Picard (Paris). — Oui, il vaut mieux attendre
au moins que nous ayons obtenu ce que nous demandons pour les prêts sur valeurs mobilières. Nous prêtons,
sur ces valeurs actuellement, à Paris, 8.000.000 par an ;
si nous pouvons obtenir que la limitation à 500 francs
soit élevée, nous prêterons bien davantage encore.

M. le Président. — Est-ce que nos collègues étrangers pourraient nous donner quelques renseignements
sur cette question d'après leurs établissements? Je crois
qu'à Genève justement l'établissement porte le titre de
Banque. A-t-on gagné au changement ?

M. Pittard (Genève). — Je ne puis le dire, car la
dénomination a toujours été celle-là. On a estimé en
effet, dès sa fondation, qu'un établissement qui prête en
faisant payer des intérêts n'a aucune espèce de caractère de bienfaisance. Maintenant puisqu'on a bien voulu
me donner la parole, je me permettrai d'appuyer sur ce
qu'a dit notre collègue d'Anvers. J'estime, que ce qu'il
y a de mieux à faire pour rehausser le prestige de nos
établissements, c'est de les installer dans un bâtiment
ayant bonne façon où les emprunteurs n'ont pas l'air de
laisser en entrant leur dignité au vestiaire.

Quant à la question des succursales, nous avons à Genève une succursale modeste qui fait assez d'affaires par le fait de l'éloignement du bureau central. Cette succursale est limitée comme valeur de prêt et toutes les fois qu'il s'agit d'un emprunt d'une certaine importance l'emprunteur est invité à se présenter au Bureau Central qui statue sur le prix demandé.

M. Barthelet (Marseille). — Est-ce qu'en Suisse il y a le monopole des prêts sur gages ? Il faut tenir compte de ce fait qu'en France le prêt sur gages est le monopole des Monts-de-Piété qui ont l'obligation de le faire au prix de revient. Il faudrait préciser si, en Suisse, le prêt sur gages est libre.

M. Pittard (Genève). — A Genève, toute personne a le droit de faire le prêt sur gages, à la condition qu'elle puisse justifier d'un capital analogue au nôtre.

M. Picard (Paris). — Il est à remarquer que partout nous voyons cette dénomination de Mont-de-Piété : il doit y avoir des raisons pour la conserver.

M. Franz van Camp. — Les directeurs des Monts-de-Piété de Belgique se sont réunis et se sont occupés de cette question : nous aspirons tous à faire changer ce titre de « Monts-de-Piété » qui garde un caractère de misère et de honte qu'ils ne devraient pas avoir.

M. le Président. — Personne n'a plus d'observations à faire ?... Je mets aux voix la résolution suivante :

« *Le Congrès des Monts-de-Piété de France réserve et*
« *renvoie à une étude ultérieure le projet de changement*
« *de dénomination des Monts-de-Piété.* »

Adopté.

Nous passons à la question « *Du prêt sur Brevets de
Pension et sur Valeurs Mobilières.* »

La parole est à M. Charles Laurent.

M. Charles Laurent (Toulon). — Nul ne s'étonnera
que nous désirions étendre les services de l'institution
dont nous avons la charge.

Nous reconnaissons volontiers que les Pouvoirs
publics doivent cependant s'opposer à nos ambitions si
elles ne sont pas justifiées, mais, dans le cas où nous
établirions la légitimité de nos vœux, c'est appui et
encouragement que nous devons trouver auprès d'eux.

Nos services, en effet, sont publics ; nous ne faisons
pas de sélection entre les opérations productives et les
autres, tous nos emprunteurs subissent les mêmes conditions et lorsque finalement des bénéfices en résultent,
nous devons en faire profiter notre clientèle et des œuvres d'assistance.

Ce n'est pas sans résistance cependant que les Monts-
de-Piété ont pu obtenir le prêt sur valeurs mobilières —
et il n'a été accordé que dans des limites vraiment insuffisantes.

Dans notre ville, où le nombre des retraités est considérable, l'écho de nombreuses plaintes nous a incités à
réclamer l'autorisation d'effectuer des avances sur pensions de retraite, pensions de réforme, pensions aux

victimes de 1851 et autres indemnités viagères inscrites au Grand-Livre de la Dette Publique.

Ce faisant, nous prétendons remplir exactement le but de notre fondation.

Les Lettres patentes de 1643, qui sont à l'origine de nos institutions, disent que les Monts-de-Piété doivent « remédier aux grands dommages que la secrète pratique des usures causait aux sujets ».

Notre demande actuelle vise le même but : arracher aux usuriers la proie qu'ils détiennent aujourd'hui insolemment en dépit des formules — *incessible* et *insaisissable* — qui semblent garantir les pensions de retraite mais qui ne font aucune illusion à ces prêteurs. Des risques qu'ils courent, ils font l'excuse de leurs exigences.

Notre proposition n'est pas improvisée.

Déjà, lors de la discussion de la loi de 1851, un membre de l'Assemblée Nationale, M. Peupin, ajoutait des prêts d'une nouvelle nature à ceux que font habituellement les Monts-de-Piété : brevets de pension et inscriptions de rente.

Le Conseil d'Etat objecta que toutes ces opérations tendraient à changer profondément le caractère des Monts-de-Piété, et à en faire en quelque sorte des caisses de Dépôts et Consignations. Une objection semblable peut s'élever contre toute évolution des services publics. N'est-il pas conséquent qu'en présence de nouveaux besoins les institutions existantes aient des adaptations nouvelles ?

On voit aujourd'hui l'Administration des Postes remplir l'office de Caisse d'Épargne, opérer les recouvrements commerciaux pendant que dans d'autres pays elle tient de véritables comptes-courants.

Pourquoi les Monts-de-Piété ne subiraient-ils pas à leur tour quelques transformations ?

Jusqu'ici ils ont été jugulés dans leurs règlements primitifs et il semble que tout désir d'extension de leurs services soit blâmable si quelques intérêts privés s'en plaignent.

Lorsque les Monts-de-Piété furent fondés, les prêts sur gages corporels seulement étaient exploités par les Lombards de l'époque ; de nos jours, les pensionnés de l'Etat ayant besoin d'une avance sur leur trimestre courant subissent les conditions les plus dures de maisons de prêt qui savent user de l'appeau de la réclame.

Nous sollicitons des pouvoirs publics le moyen de mettre un terme à ces exactions et nous remplirons ainsi notre programme primitif.

En ce qui concerne spécialement les brevets de pension, le Conseil d'Etat rejeta « parce que les pensions sont le plus souvent incessibles, et, dans le cas où la cession serait admise, il faudrait déposer un certificat de vie, faire un transport et des notifications qui occasionneraient des lenteurs et des frais fâcheux. »

A cela il est aisé de répondre que les prêteurs actuels ne reculent pas devant les lenteurs et les frais. Certes, nous ne pourrions, comme eux, respecter la loi..... en la tournant. La loi, si on nous donnait la mission que nous réclamons, aurait à faciliter explicitement nos opérations.

L'article 2 j de la loi du 13 juin 1853 sur les pensions

civiles dit : « Les pensions sont incessibles. Aucune
« saisie de retenues ne peut être opérée du vivant du
« pensionnaire, que jusqu'à concurrence d'un cinquième
« pour débet envers l'Etat ou pour des créances privi-
« légiées aux termes de l'article 2101 du Code Napoléon
« et d'un tiers dans les circonstances prévues par les
« articles 203, 205, 206, 207 et 214 du même code. »

Cette loi est déjà moins restrictive que les lois des
11 et 18 avril 1831 sur les armées de terre et de mer
puisqu'aux débets envers l'Etat et aux pensions alimen-
taires, elle ajoute les créances privilégiées énumérées
dans l'article 2101 du Code Civil.

Pour la sûreté de nos opérations, il faudrait qu'une
garantie des prêts fût nettement déterminée par la loi
et nous exercerions ce service avec toutes les précautions désirables.

Que l'on stipule par exemple que nos avances ne
seront jamais supérieures à la moitié de la portion échue
le jour de l'engagement et au tiers du trimestre courant,
nous resterons ainsi dans l'esprit même de la loi actuelle,
et le Mont-de-Piété pourra suffire aux besoins imprévus
des pensionnés qui n'ont recours aujourd'hui qu'à des
agences dont il leur est difficile de s'affranchir.

Le pensionné devrait évidemment nous fournir la
justification de son identité et nous aurions la faculté
d'exiger un certificat de vie, mais dans la pratique, sous
notre responsabilité, ce certificat de vie deviendrait
superflu, le pensionné une fois connu de nous.

Dans les limites fixées plus haut, la portion de la
pension qui nous serait due pourrait être réglée à la fin
du trimestre, directement aux Monts-de-Piété par le

service payant, sans autre formalité que la présentation du brevet et d'une reconnaissance de dette du pensionné sur laquelle se joindrait le décompte de nos intérêts et droits. Cette dernière pièce constituerait décharge de l'acompte.

Le certificat de vie continuerait évidemment à être exigé par la caisse débitrice lors du paiement du solde revenant au pensionné.

Les oppositions préalables à l'échéance seraient inutiles, car un pensionné qui ferait la fausse déclaration d'une perte de brevet lorsqu'il l'aurait déposé dans un Mont-de-Piété autorisé par la loi à le recevoir en garantie, commettrait une véritable escroquerie entraînant des peines correctionnelles. Le cas échéant, notre opposition serait admise pour le trimestre suivant sur lequel nous exercerions répétition de la créance impayée. Notre seul risque consisterait alors dans le décès du titulaire avant que la somme due ne soit acquise. Cette éventualité exceptionnelle ne peut nous faire reculer.

Nous ne pouvons entrer dans plus de détails. Le principe étant admis, un règlement spécial établira une pratique courante à notre usage.

Si les administrations intéressées veulent s'y prêter, si une loi sanctionne les dispositions convenues, nous serons appelés à rendre des services évidents, car journellement on peut voir des retraités à la recherche d'une petite avance, alors qu'une somme importante leur revient déjà dans le courant d'un trimestre.

La brièveté du prêt ne nous procurera très probablement aucun bénéfice, il en résultera plutôt une charge.

Aussi, en retour, nous insistons afin que l'on hausse le maximum de nos prêts sur valeurs mobilières, actuellement fixé à 500 francs, et une compensation s'établira.

Demandons encore à être autorisés à faire des avances de 50 pour cent sur les bons de Panama et les bons Fonciers 1887 et 1888.

Ces petits titres sont très solides et très répandus ; il est fâcheux qu'en raison de la mention suivante de l'article 2 de la loi de 1891 : « valeurs portant intérêt au moins chaque année » nous ne puissions les comprendre dans nos listes de valeurs à accepter. Une exception pourrait être faite en leur faveur.

En résumé, nous vous invitons à voter les résolutions suivantes :

1° « Le Congrès émet le vœu que les Monts-de-Piété « soient autorisés à faire des avances — limitées à la « moitié de la portion échue — aux pensions de retraites « ou autres indemnités viagères garanties par l'Etat. »

2° « Le Congrès demande que le maximum du prêt « sur valeurs mobilières soit élevé à 3.000 francs, et, « par dérogations au paragraphe 3 de l'article 2 de la « loi du 25 juillet 1891, que les bons fonciers 1887-1888 » et de Panama soient admis désormais sur l'état annuel « des valeurs acceptées en garantie ». *(Applaudissements)*

M. le Président. — Je crois répondre au sentiment de tous en vous remerciant de votre rapport si clair et si précis. Je mets aux voix le vœu suivant relatif aux Brevets de Pension :

« *Le Congrès des Monts-de-Piété de France émet le vœu* « *que les Monts-de-Piété soient autorisés à consentir des*

« *préts — limités à la moitié de la portion échue — sur* *pensions de retraite ou autres indemnités viagères* « *garanties par l'Etat.* »

Ce vœu est adopté à l'unanimité.

M. Picard (Paris). — Je ne dirai rien au sujet du prêt sur Brevets de Pension. Je me bornerai à vous signaler que des objections ont été faites sur cette question. Nous espérons les vaincre.

Quant à la question du prêt sur valeurs mobilières, elle nous intéresse au plus haut point. Nous avons demandé à être autorisés à prêter jusqu'à 3.000 francs au lieu de 500. Si nous avons fait cette proposition, c'est que chaque jour nous sommes sollicités par des emprunteurs qui ayant une valeur bien supérieure à notre maximum de 500 francs, sont dans l'obligation de l'immobiliser pour cette faible somme. Nous avons présenté cet argument ; on nous a répondu à côté. Nous avons vite vu, d'ailleurs, quel était le point faible de notre argumentation. Nous ne craignons pas, nous a-t-on répondu, la concurrence que vous pourriez faire aux établissements financiers, mais ce que nous redoutons, c'est l'aléa que courrait le Mont-de-Piété de Paris dans le cas où certaines valeurs descendraient au-dessous de la somme prêtée. Dans ce cas, il faudra réclamer la différence, et si cette différence n'était pas versée, vous vous trouveriez en perte : avec quels fonds ferez-vous face au déficit qui pourrait se produire ?

Eh bien, je crois que la réponse est très simple. Pour les gages, nous devons verser les bonis non réclamés à l'Assistance Publique. Pour les valeurs mobilières, en vertu de la loi de 1891, les bonis appartiennent à l'Administration, mais comme il nous en reste très peu,—nous n'avons guère actuellement de ce fait que 5 ou 6.000 fr.,— le Ministre des Finances estime que cette somme est beaucoup trop faible encore pour garantir les risques que nous pourrions courir. Je crains donc que nous ne trouvions pas de solution, tant que nous n'aurons pas pu parvenir à une capitalisation suffisante, et le jour où d'autres Monts-de-Piété adresseront la même demande que nous, ils se heurteront aux mêmes difficultés. Ce n'est pas une raison pour nous décourager ; je crois, au contraire, que c'est une question sur laquelle nous devons continuer à travailler.

M. Sens (Bordeaux). — J'entendais nos collègues dire tout à l'heure : « Nous devons chercher à faire le bien et non à réaliser des bénéfices »; pourquoi, alors, ne pas dire aux personnes qui se présentent pour emprunter sur titres qu'elles feraient bien mieux d'aller emprunter à la Banque de France à 4 % que de venir emprunter au Mont-de-Piété à 8 % ? Ce serait une très bonne action que de donner cette indication à leurs clients.

M. Cohendy (Lyon). — Vous proposez donc la suppression de la loi de 1891.

M. Sens. — Je n'hésite pas.

Un Congressiste. — Remarquez que la Banque ne prête pas au-dessous de 250 francs.

M. Picard (Paris). — Nous envoyons des clients à la Banque de France, nous envoyons des clients au Crédit Lyonnais, mais nous rencontrons des emprunteurs qui nous disent : « Nous tenons à venir chez vous ». Nous savons que la Banque de France prête à meilleur compte ; mais nous préférons nous adresser à vous tout de même. » Nous ne pouvons pas leur refuser l'opération qu'ils nous demandent ; nous les accueillons. Et d'ailleurs, ce n'est pas sans motif qu'ils préfèrent s'adresser au Mont-de-Piété de Paris. Ils le font parce que les formalités y sont très simples, parce qu'on leur donne satisfaction immédiatement. Ils se présentent à nos guichets avec leurs titres, un quart d'heure après ils ont obtenu satisfaction. En outre, certains commerçants ne veulent pas aller dans des établissements financiers où ils savent que la discrétion n'est pas observée comme au Mont-de-Piété de Paris.

Enfin, nous ne voyons pas le mal qu'il y a à ce que ces opérations soient productives. Quelle est la théorie de tous les Monts-de-Piété, si ce n'est de rechercher des opérations productives pour contrebalancer les opérations onéreuses ? Nous désirons, en conséquence, augmenter nos affaires dans l'intérêt même de nos emprunteurs et nous espérons y parvenir par l'augmentation des prêts sur titres........

M. Sens (Bordeaux). — Je suis d'accord avec notre collègue de Paris, et c'est aussi pour que nos affaires soient plus importantes que nous gardons nos commissionnaires.

M. le Président. — Nous n'en sommes pas à la question des commissionnaires.

M. Picard (Paris). — Nous avons demandé, vous a-t-on dit, que le maximum des prêts soit porté à 3.000 francs. Nous avons estimé que cette somme était suffisante ; vous verrez si vous devez penser comme nous.

Enfin, aux raisons que je viens de vous donner pour justifier la préférence manifestée aux Monts-de-Piété, j'en ajouterai une : en dehors du secret professionnel qui y est rigoureusement observé, le Mont-de-Piété de Paris présente encore des garanties particulières au point de vue de la sécurité, garanties qui manquent à beaucoup de banques.

M. Sens (Bordeaux). — Je ne voudrais pas insister, mais je ne puis m'empêcher de m'étonner qu'on préfère aller se faire voir entrant au Mont-de-Piété qu'entrant à la Banque de France où on pourrait supposer que l'on va acheter des titres plutôt qu'y emprunter sur ceux que l'on possède.

M. le Président. — Je mets aux voix la première partie de la proposition :

« *Le Congrès des Monts-de-Piété de France émet le* « *vœu que le maximum du prêt sur valeurs mobilières* « *soit élevé à 3.000 francs.* »

Ce vœu est adopté à l'unanimité moins une voix.

Je mets aux voix la deuxième partie de la proposition.

M. Picard (Paris). — Il nous est difficile de voter cette proposition que le Conseil de surveillance du Mont-de-Piété n'a jamais eu à examiner.

M. Cohendy (Lyon). — Oui, mais nous ne pouvons pas admettre des valeurs ne portant pas intérêt.

M. Couve (Marseille). — Les Bons de Panama ont un peu un caractère de billets de loterie : ils augmentent au moment des tirages et diminuent au fur et à mesure qu'ils s'en éloignent.

M. Cohendy (Lyon). — Ces bons n'en demeurent pas moins garantis : la Société civile de Panama a déposé au Crédit Foncier une somme représentant mathématiquement le montant de leur remboursement, soit au moyen de lots, soit au pair de 400 francs.

M. le Président. — Sous le bénéfice de ces explications, je mets aux voix la deuxième partie de la proposition :

« *Le Congrès des Monts-de-Piété de France émet le vœu*
« *que par dérogation à l'article 2 de la loi du 25 juillet*
« *1891, les Monts de Piété soient autorisés à admettre sur*
» *l'état annuel des valeurs acceptées en garantie les Bons*
« *Fonciers 1887-1888 et de Panama.* »

Ce vœu est adopté.

M. le Président. — Nous passons à la dernière question dont doit nous entretenir M. Charles Laurent : « *Du rétablissement des bureaux de garantie dans les* « *villes où ils ont été supprimés.* »

M. Charles Laurent (Toulon). — Un décret du

31 décembre 1889, inséré à « l'Officiel » du 4 janvier 1890, a supprimé, à partir du 1er janvier 1890, les bureaux de garantie pour l'essai et la marque des ouvrages d'or et d'argent, établis à Toulon, Brest, etc.

Par le fait de cette suppression, les Commissaires-Priseurs, appréciateurs au Mont-de-Piété de Toulon, par exemple, se sont trouvés dans l'obligation d'aller soumettre au bureau le plus voisin, c'est-à-dire à Marseille, les objets qui doivent être soumis au contrôle.

Cette seule manière de procéder occasionne à ces fonctionnaires une perte de temps et une dépense d'argent qu'ils compensent par une taxation spéciale au moment de la vente.

Voici, d'ailleurs, la marche des opérations :

En ce qui concerne les engagements, si l'objet présenté non contrôlé n'est plus utilisable que pour la fonte, la valeur intrinsèque seule est appréciée ; si par contre, l'objet a une certaine valeur artistique ou commerciale, l'appréciateur déduit du montant du prêt normal le coût du contrôle et les frais de déplacement.

Il en résulte que, quoique la moyenne des gages non contrôlés qui arrivent à la vente soit de 1 article sur 10, tous les engagements d'objets non contrôlés subissent sans exception une réduction, d'où un sérieux préjudice pour l'ensemble des engagistes. Le même fait se produit pour les objets non contrôlés qui sont livrés aux enchères.

Le Commissaire-Priseur de service annonce publiquement avant l'ouverture des opérations que tout acheteur qui désirera conserver intacts des objets non contrôlés sera tenu de verser, avec le montant de l'adjudication, le coût approximatif du contrôle et les frais de déplacement en plus ; d'où diminution dans le montant du prix de l'adjudication et par suite du boni au grand détriment de l'engagiste.

Il est donc incontestable que la suppression de ces bureaux a porté un préjudice considérable aux personnes nécessiteuses, soit au moment de l'engagement, soit au point de vue du boni.

Je crois inutile de faire ressortir ici la perte qu'a occasionnée à l'Etat la suppression de ces bureaux.

Les commerçants en bijouterie de notre ville, de même que les acquéreurs au Mont-de-Piété, reculent, en effet, devant des frais élevés et font ainsi briser une grande quantité d'objets en or et en argent qui échappent de ce fait aux droits de contrôle.

J'ai, en conséquence, l'honneur de déposer sur le bureau la proposition suivante :

« Le Congrès émet le vœu que dans l'intérêt général
« et de la classe nécessiteuse en particulier, un bureau
« de garantie pour l'essai et la marque des ouvrages
« d'or et d'argent soit établi dans toutes les villes qui
« possèdent un Mont-de-Piété. »

Un Congressiste. — La question me paraît complexe, d'autant plus que, comme nous demandons d'autre part l'augmentation du nombre des Monts-de-Piété, on trouvera là une raison pour nous refuser.

M. Hermitte (Toulon). — Demandons-le alors, au moins, pour Toulon.

M. Barthelet (Marseille). — Il est certain qu'il y a de petits Monts-de-Piété qu'on ne saurait doter d'un bureau de garantie : on pourrait indiquer : « à la condition que le Mont-de-Piété ait telle ou telle importance. »

M. le Président. — Je mets aux voix le vœu suivant avec l'amendement de M. Barthelet :

« *Le Congrès des Monts-de-Piété de France émet le vœu*
« *que dans l'intérêt général et de la classe nécessiteuse en*
« *particulier, un bureau de garantie, pour l'essai et la*
« *marque des ouvrages d'or et d'argent, soit établi dans*
« *toutes les villes qui possèdent un Mont-de-Piété sous*
« *réserve que cet établissement aura une importance suffi-*
« *sante pour justifier cette création.* »

Ce vœu est adopté à l'unanimité.

La séance est levée.

Quatrième Séance

à l'Hôtel de Ville

le 26 Novembre 1907 (Soir)

Président : M. HUET, directeur du Mont-de-Piété de Nîmes.

Vice-Présidents : M. BLANCHEMAIN, inspecteur du Mont-de-Piété de Paris.

M. BEAURAIN, directeur du Mont-de-Piété de Rouen.

Secrétaire : M. Charles LAURENT, administrateur du Mont-de-Piété de Toulon.

M. le Président. — La séance est ouverte. L'ordre du jour appelle le Congrès à délibérer sur la question du trafic des reconnaissances, question si intéressante pour notre public nécessiteux.

La parole est à M. Lesbros, directeur du Mont-de-Piété de Marseille.

M. Lesbros (Marseille). — Messieurs,

En 1777 — il y a donc 130 ans — Necker, ministre de Louis XVI, s'exprimait ainsi dans son exposé des motifs de la création du Mont-de-Piété de Paris .

« L'usure, disait-il, est un abus de la force envers la « faiblesse ; c'est un empire exercé par l'avarice et la « cupidité sur une classe d'hommes... »

Et, il ajoutait, quelques lignes plus loin : « Il était

« donc devenu nécessaire d'opposer à cette déprava-
« tion un obstacle d'un nouveau genre ; l'institution du
« Mont-de-Piété parut véritablement indiquée par les
« circonstances ».

C'est donc bien dans le but de combattre l'usure et ses
exactions, de soustraire les malheureux à la dîme pré-
levée sur leur misère, par des industriels sans scrupu-
les, que le monopole des prêts sur gages fut accordé
aux Monts-de-Piété.

Que les transactions commerciales s'épanouissent
sous le régime de la libre concurrence, rien de plus
logique et de plus utile aux intérêts en présence, l'offre
et la demande représentant des forces égales. Mais, que
l'offre attende la demande et lui impose abusivement
des conditions draconiennes, qu'il y ait toujours faiblesse pour celle-ci et force pour celle-là, c'est alors
transformer cette prétendue liberté en un monstrueux
arbitraire.

Le prêteur représente une force contre laquelle se
heurte et s'incline la faiblesse de l'emprunteur et, c'est
bien pour canaliser cette force, pour la rendre compa-
tissante et bienfaisante à la faiblesse, que la loi française a institué le monopole du prêt sur gages en faveur
des Monts-de-Piété.

Hélas ! Messieurs, de même que toute lumière a son
ombre, les Monts-de-Piété, institués dans un but émi-
nemment philanthropique, ne devaient pas tarder à fournir à cette même usure, un instant vaincue, les moyens
de renaître et de prospérer de nouveau.

Ce que nous appelons communément : le trafic des
reconnaissances, ce deuxième prêt fait sur le titre, dissi-

mulable sous le nom de vente à réméré, a acquis de nos jours un développement si considérable que, les mots de Necker, datant de 130 ans, sont encore de pleine actualité.

Il est temps, il est grand temps, de chercher à opposer, à l'envahissante marée de l'usure, une digue capable de l'arrêter pour toujours, du moins en ce qui concerne les abus dont elle accable notre malheureuse clientèle.

Combattre le mal dans ses effets, c'est le pallier parfois, ce n'est pas le détruire.

C'est dans sa cause même qu'il convient de l'attaquer résolument.

Il suffira pour cela de rendre nous-mêmes des services complets aux emprunteurs et de transformer en un gain problématique et illusoire le bénéfice, actuellement trop certain, des sous-prêteurs.

Mais avant de vous soumettre, Messieurs, une solution que je crois être bonne, et que vous m'aiderez certainement à rendre meilleure, permettez-moi de vous rappeler, dans quelles conditions et sous quelle forme s'exerce, de nos jours, la malfaisante industrie du prêt sur reconnaissance.

La Cour de Cassation, par un arrêt en date du 19 mai 1876, a assimilé le prêt sur reconnaissances à un prêt sur gages. Divers jugements ont été rendus depuis, basés sur cette jurisprudence, établissant que la reconnaissance ne constitue pas un bien-meuble distinct du gage, dont elle n'est que la représentation.

Je citerai notamment un jugement du Tribunal civil

de la Seine du 7 août 1890, et, plus récemment encore, un jugement du même tribunal en date du 18 mai 1905.

Prêter sur une reconnaissance du Mont-de-Piété, c'est prêter sur le gage lui-même et par suite s'exposer à l'application de l'article 411 du Code pénal.

Pour échapper à la loi, les prêteurs doivent donc dissimuler leurs opérations, et ils les dissimulent, en effet, en leur donnant la forme du contrat à réméré, de vente avec facilité de rachat.

Je ne vous apprendrai rien, Messieurs, en vous disant ce qu'est cette *facilité* de rachat. Je tiens cependant à vous rappeler qu'elle consiste dans la *difficulté*, pour le vendeur, de racheter sa reconnaissance en remboursant le capital prêté augmenté du 60 0/0 d'intérêts, à Paris 120 0/0, taux habituel de ces sortes de prêts.

C'est ainsi que sur un gage estimé 150 francs par le Mont-de-Piété, prêt consenti par lui : 100 francs, l'emprunteur peut obtenir de ces prêteurs clandestins un deuxième prêt, calculé à raison de la moitié de la différence entre le prêt et l'estimation, soit dans ce cas : 25 francs.

Après un an, ce même emprunteur, qui aurait à verser au Mont-de-Piété, pour le capital prêté de 100 francs, 7 francs environ d'intérêt (taux moyen) devra préalablement rembourser à son deuxième prêteur, pour rentrer en possession de sa reconnaissance, un capital de 25 francs augmenté de 15 francs, intérêts à 60 0/0, soit : *40 francs.*

Voilà comment s'exerce la *facilité* du rachat !

Mais ce contrat à réméré a été lui-même condamné par divers jugements :

Cour d'appel de Paris, 18 avril 1889 ;

Tribunal correctionnel de Toulouse, 3 février 1892 ,

Cour d'appel de Paris, 7 décembre 1891 ;

Cour d'appel de Toulouse, 10 mai 1893 ;

Cour d'appel de Paris, 27 mars 1902.

Il ressort clairement de ces divers jugements que le fait de payer l'achat d'une reconnaissance à raison de la moitié de la différence entre le prêt et l'estimation, revêt un caractère de vileté, démontrant qu'il s'agit, en réalité, d'un simple prêt. En effet, le véritable acheteur d'une reconnaissance entend acheter le gage lui-même, et il indique clairement son intention, en payant, au moins à raison de la *totalité* de la différence entre le prêt et l'estimation. qu'il sait être habituellement infé-rieure à la valeur marchande du gage.

Aussi, les prêteurs sur reconnaissances ont-ils généralement renoncé à la vente à réméré, insuffisante pour masquer leur trafic illicite. Ils se contentent de délivrer à leurs emprunteurs des récépissés constatant la *vente ferme* des reconnaissances.

Il en résulte que, les emprunteurs n'ont plus ni droit, ni recours, contre les prêteurs ; qu'aucun moyen légal n'est à leur disposition pour se soustraire aux exigences de ces derniers et que, dans la majorité des cas, ils sont obligés d'abandonner leurs gages et de les laisser vendre par l'administration au profit des prêteurs.

La plupart des bonis importants sont encaissés par les trafiquants sur reconnaissances et les propriétaires des gages sont ainsi dépossédés d'un reliquat dont le Mont-de-Piété se ferait scrupule de détourner une partie, si faible soit-elle, à son profit, mais qu'il est impuissant à soustraire à la rapacité des agences clandestines, qui, au mépris de la loi, spéculent sur la misère.

Les administrations des Monts-de-Piété doivent-elles continuer d'assister, impuissantes et désarmées, au développement de cette usure, tant de fois condamnée, et qui, nouveau Protée, prend chaque jour une forme nouvelle pour exercer sa détestable exploitation ?

Je ne le pense pas.

Notre monopole n'est excusable, il n'a de raison d'être, qu'à la condition expresse d'empêcher les abus qu'il a eu pour but de faire cesser.

Les Monts-de-Piété ont été institués pour combattre l'usure ; en réalité, ils la favorisent. Ils deviennent prétexte à sa malfaisante industrie et cela dans ce qu'elle a de plus répréhensible, de plus inhumain : dans l'exploitation des malheureux et des déshérités.

A la force-argent qui opprime et pressure la faiblesse, opposons la force-loi qui la défend et la protège. Ne nous contentons pas d'être les automatiques enregistreurs de la misère ; soyons-en surtout les défenseurs ; protégeons-la contre les abus dont elle souffre, et nous justifierons ainsi notre droit de monopole par l'accomplissement du devoir que ce droit nous impose.

Mes honorables collègues, Messieurs les Directeurs, ici présents, ne me contrediront certainement pas, quand je vous parlerai des réclamations, des plaintes incessantes que nous recevons journellement à l'encontre des prêteurs sur reconnaissances. Particulièrement à l'époque des ventes, nos engagistes nécessiteux que le besoin a obligés à recourir à un deuxième prêt, sont, bien des fois, dans l'impossibilité de payer les intérêts usuraires qu'exige le retrait de leurs feuilles. Et, ils viennent alors solliciter des sursis à la vente, sursis que nous leur accordons dans la plus large mesure possible, mais qui n'ont malheureusement d'autre effet que de reculer une échéance dont cette prorogation augmente encore l'importance.

Dans les milieux besoigneux, il n'est pas rare de voir un ménage d'ouvrier ou d'employé avoir dix reconnaissances soumises le même mois au renouvellement. Supposons que, sur chacun de ces gages, le Mont-de-Piété ait consenti le prêt minimum de 2 francs, soit en totalité 20 francs prêtés, sur une estimation globale de 30 francs. Un franc 40 centimes environ suffiront pour effectuer le renouvellement, c'est-à-dire pour reculer d'une nouvelle année le délai de vente, et cette somme peut être réalisable pour l'emprunteur qui tient vraiment à ses gages. Mais que la maladie ou un chômage persistant ait obligé ce ménage d'ouvriers ou d'employé à recourir à un deuxième prêt : dans le cas cité, 5 francs, et, il ne s'agira plus seulement alors de 1 franc 40 d'intérêts à payer, mais de 9 francs 40 dont 8 francs en mains du prêteur sur reconnaissances.

Je crois inutile d'insister plus longuement sur ces abus, que vous connaissez aussi bien que moi-même, et je m'empresse d'arriver au but principal de mon rapport : aux moyens à employer pour détruire irrémédiablement le prêt usuraire sur reconnaissances, sans nuire aux intérêts et aux droits de nos emprunteurs.

Ce n'est pas, je le répète, en le combattant dans ses effets, mais bien en l'attaquant résolument dans sa cause, que nous détruirons le mal. Signaler au parquet le trafic illicite des agences de prêts sur reconnaissances, dans les cas exceptionnels où les emprunteurs consentiraient à étaler leur misère au grand jour des audiences publiques, aboutirait peut-être à quelques condamnations à 100 francs d'amende. En admettant même que le Parquet, par des perquisitions faites aux domiciles des prêteurs, acquière la certitude que leur industrie tombe sous le coup de la loi et poursuive d'office, quel résultat obtiendra-t-on ?

De tracasser inutilement emprunteurs et prêteurs ; de priver ceux-là d'un service correspondant chez eux à un besoin, de rendre l'industrie de ceux-ci plus clandestine et d'autant plus onéreuse aux emprunteurs qu'elle s'exercera plus difficilement.

Ce qu'il faut, c'est rechercher la cause et la détruire.

Cette cause, nous devons l'envisager sous deux aspects.

1° Du côté des emprunteurs :

L'insuffisance du prêt consenti par le Mont-de-Piété, dont la reconnaissance représente encore une valeur négociable.

2° Du côté des prêteurs :

Le bénéfice certain qu'ils peuvent escompter, même dans le cas de non-remboursement, capitaux et intérêts leur étant plus que largement garantis par l'encaissement des bonis devenant leur propriété exclusive après la vente.

Contre l'insuffisance du prêt consenti par le Mont-de-Piété, diverses solutions ont déjà été proposées :

La première consisterait dans la suppression des

Commissaires-Priseurs et leur remplacement par des appréciateurs choisis par l'administration.

Je ne vois pas trop, personnellement, les avantages qui pourraient résulter de cette substitution.

En effet, ou bien les appréciateurs estimeront sous leur responsabilité personnelle, et il n'y aura rien de changé : ils prêteront peu par crainte de perdre beaucoup ; ou bien c'est l'Administration qui prendra les déficits à sa charge et s'exposera ainsi volontairement à des pertes contre lesquelles elle était précédemment garantie.

Or, les Monts-de-Piété ont surtout besoin de crédit ; ils ne prêtent qu'à la condition d'emprunter eux-mêmes, et ces emprunts leur sont d'autant plus faciles et meilleur marché qu'ils offrent plus de garanties à leurs prêteurs. Le jour où ces derniers sauront que le Mont-de-Piété peut perdre, qu'il suffit d'une baisse importante sur l'argent ou les pierres précieuses pour l'exposer à des déficits importants, ils lui confieront moins volontiers leurs économies. Nous emprunterons plus difficilement et plus cher, et, comme conséquence, nous devrons alors réduire le chiffre de nos opérations, rendre moins de services et augmenter le taux de nos intérêts, jusqu'à justifier, peut-être, à notre tour, le reproche d'usure.

Telle qu'elle fonctionne, l'institution des Monts-de-Piété a été établie sur des bases solides auxquelles il serait imprudent de toucher. Les règlements généraux qui nous régissent ont sagement écarté tout aléa de perte, de l'exploitation des Monts-de-Piété.

Des agents responsables, les gardes-magasin assujettis à un cautionnement, sont chargés de la conservation des gages et paient de leurs deniers aux emprunteurs la détérioration partielle ou totale des dépôts qui nous sont confiés ; des assurances générales nous garantissent en cas de sinistre ; les fonds disponibles sont confiés à des Caissiers responsables, dont les cautionnements répondent de la gestion ; et les prêts que nous consentons, même en cas de mévente, nous sont toujours intégralement remboursés, grâce à la responsabilité pécuniaire des Commissaires-Priseurs.

Il y a là un ensemble de garanties, qui protège les Monts-de-Piété contre toute éventualité de perte et qui fait la force de leur crédit.

J'estime qu'il serait imprudent de renoncer à l'une ou l'autre de ces garanties et particulièrement à celle que nous offrent les Commissaires-Priseurs.

On a également proposé, pour détruire le trafic usuraire des reconnaissances, d'autoriser les Monts-de-Piété à faire eux-mêmes un deuxième prêt, jusqu'aux 9/10 de l'estimation, sous réserve qu'en échange du dépôt de la reconnaissance, il serait délivré à l'emprunteur un récépissé nominatif et inaliénable.

Ce système fonctionne depuis plusieurs années à Genève où il a donné des résultats satisfaisants. Son application en France atteindrait le but proposé et je l'ai admis pendant longtemps comme une solution pratique de la question.

En 1890, M. Constans, ministre de l'Intérieur, et M. Fallières, à cette époque ministre de la Justice, présentaient à la Chambre des Députés un projet de loi préconisant cette solution. Ce projet de loi fut repoussé et je trouve l'explication de son rejet dans la connexité qu'il établissait entre la suppression des commissaires-priseurs et l'augmentation du prêt porté aux 9/10 de l'estimation, la deuxième proposition n'étant que la conséquence de la première.

Or, est-il bien nécessaire de renoncer à la garantie des commissaires-priseurs pour effectuer ce deuxième prêt, parfaitement distinct du premier ?

Ne vaut-il pas mieux, pour l'administration, la faible partie à sa charge du risque total soit, 7/30, que la totalité de ce risque, soit 27/30 ?

On reproche, non sans raison, aux commissaires-priseurs, l'insuffisance de leurs estimations. Pour y remédier, on propose d'augmenter la proportionnalité du prêt ; de la porter des 20/30 garantis par les commissaires-priseurs, jusqu'à un maximum de 27/30, à l'aide d'un sur-prêt de 7/30 dont serait responsable l'administration. Cela paraît logique ; ce qui l'est moins, c'est de préférer le risque total au risque partiel, c'est d'ouvrir toute grande la porte au déficit, alors qu'il suffirait de l'entrebâiller, afin que, seul puisse s'y glisser l'aléa d'une perte de bien moindre importance.

Il y a cependant, dans ce deuxième prêt consenti par le Mont-de-Piété sur ses propres reconnaissances, une certaine inconséquence, un certain côté d'illogisme que, certainement, vous avez dû remarquer.

Le but de notre institution étant de rendre des services à des personnes nécessiteuses ou momentanément gênées, nous mesurerions ces services ! Nous les marchanderions en quelque sorte à nos emprunteurs, les leur rendant partiels d'abord, exigeant d'eux, pour les leur rendre en totalité, des conditions spéciales de renoncement à la libre disposition de leurs gages et, en cas de décès, des formalités compliquées et coûteuses pour leurs héritiers ! Dire à un emprunteur que son gage vaut 30 francs ; qu'on pourrait lui consentir un prêt de 27 francs, mais, qu'on ne lui prêtera que 20 francs, s'il ne veut renoncer à la propriété de son titre, jusqu'à ce qu'il ait pu rembourser 7 francs sur la totalité de la somme prêtée, ne serait-ce pas quelque peu abusif et arbitraire ? Cela, Messieurs, vous semble-t-il vraiment conforme à la dignité d'une administration sérieuse, d'un établissement de bienfaisance ? Telle n'est pas mon opinion.

A l'emprunteur qui nous confie loyalement le dépô d'un gage que nous estimons représenter une valeur marchande, *vendable*, de 30 francs, offrons loyalement aussi et immédiatement, sans conditions restrictives, let maximum du service possible, soit 27 francs, les 3 francs de différence nous garantissant les intérêts et droits qui nous seront dus au moment du retrait ou de la vente.

Ayons le geste généreux et large afin qu'il puisse véritablement être qualifié de bienfaisant et n'obligeons pas l'emprunteur à s'humilier deux fois devant notre caisse pour lui rendre la totalité d'un service auquel lui donne droit la véritable valeur de son gage.

Offrons, au moment du dépôt du gage le maximum du prêt possible et, nous détruirons ainsi la cause qui fait recourir l'emprunteur à un deuxième prêt sur une reconnaissance représentant encore une valeur négociable.

En un mot, prêtons les 9/10 de l'estimation, au lieu des 2/3 et des 4/5 et nous aurons ainsi supprimé, tout au moins du côté de la demande, le besoin qui l'amène fatalement à solliciter, de prêteurs clandestins, un deuxième prêt, cette fois usuraire.

Le décret du 8 thermidor au XIII, sur lequel furent généralement calqués les règlements statutaires des Monts-de-Piété provinciaux, et plus récemment, le décret du 18 avril 1891, établissant les statuts-modèles du Mont-de-Piété de Nice, fixent le quantum des prêts aux 4/5 de la valeur au poids des bijoux d'or et d'argent et aux 2/3 de l'estimation pour les hardes et objets divers.

Il nous serait donc indispensable d'obtenir de l'autorité supérieure, un décret autorisant les Monts-de-Piété à prêter les 9/10 de la valeur au poids sur les matières d'or et d'argent et également les 9/10 de l'estimation sur tous autres objets.

Reste la question de responsabilité : Les commissaires-priseurs seront-ils responsables de la totalité du prêt porté aux 9/10 ou 27/30 de l'estimation, ou bien, sans augmenter pour eux le risque résultant du quantum actuel, les Monts-de-Piété prendront-ils à leur charge les 7/30 du prêt total ?

Dans le premier cas, il est facile de prévoir que les commissaires-priseurs n'augmenteront pas, de gaieté de cœur, leur responsabilité et qu'ils échapperont à l'obligation qui leur en serait faite, par la diminution de leurs estimations. Ils auront l'air d'observer la loi ; en réalité, ils la tourneront et rien n'aura été changé. C'est du reste, ce qui se produit actuellement chaque fois que, pour se conformer aux statuts, la nature des gages les oblige à fixer le prêt aux 4/5 de l'estimation.

Permettez-moi de m'expliquer plus clairement, à l'aide de l'exemple suivant :

L'or se vendant par exemple à raison de 3 francs le gramme, c'est donc sur cette valeur que devrait être établie l'estimation.

C'est ainsi qu'une giletière or pesant 10 grammes devrait être estimée 30 francs et donner lieu à un prêt des 4/5, soit 24 francs. Ce n'est pas ainsi que MM. les commissaires-priseurs calculent leurs estimations. L'or, disent-ils, se vendant 3 francs le gramme, nous pouvons sans risque prêter 2 francs le gramme ; 10 grammes correspondent donc à un prêt de 20 francs, représentant les 4/5 d'une estimation que nous fixons alors à 25 francs. Au rôle d'estimateur qui est le leur, ils substituent celui de prêteur qui est le nôtre ; ils n'estiment pas d'après la valeur vendable du gage, ils envisagent d'abord le prêt qui résultera de tel ou tel chiffre d'estimation. Ils ne font pas du prêt la conséquence de l'estimation, ils basent cette estimation sur le prêt qui en résultera, c'est-à-dire, augmentera plus ou moins leurs risques.

Je ne fais pas ici la critique de cette façon de procéder, qui résulte, du reste, d'un sentiment bien humain : le souci de la responsabilité pécuniaire ; je me contente de le constater et de vous l'exposer.

Vous en conclurez certainement avec moi, pour revenir à la question posée, qu'il serait inutile de prêter les 9|10 d'une estimation diminuée en raison de l'augmentation du prêt et que, point n'est besoin de demander un décret pour aboutir à ce simple jeu de bascule, sans aucun bénéfice pour nos emprunteurs.

Examinons maintenant le deuxième cas, celui où,

sans augmenter la responsabilité des commissaires priseurs, fixée jusqu'à concurrence des 20/30 de l'estimation, nous porterions le prêt à son maximum des 9/10, en prenant charge nous-mêmes des 7/30 supplémentaires.

Quel serait, dans ce cas, pour les Monts-de-Piété, le risque appréciable ?

Je prends naturellement pour exemple le Mont-de-Piété de Marseille et le résultat des ventes effectuées pendant l'année 1906. Ces ventes ont porté sur 18.709 gages, ayant donné lieu à 286.097 francs de prêts, soit le 9 0/0 en nombre et le 6 0/0 environ en sommes des gages entrés par engagements et renouvellements de septembre 1904 à août 1905, c'est-à-dire sur un total de 208.041 gages et de 5.163.407 francs de prêts.

Or, si pendant cette période nous avions augmenté de 7/30 le chiffre de nos prêts, cette augmentation eût été de 1.807.190 francs sur lesquels nous aurions bénéficié :

1· de 1/2 0/0 de droit d'entrée en magasin. fr. 9.035

2· de 2 0/0, différence du taux moyen de l'emprunt à celui de nos prêts, en fixant à 1 an la durée moyenne du séjour en magasin..................................... » 36.143

3· de 1/2 0/0 de prisée sur les 7/30 supplémentaires, ce droit payé par le public sur la totalité du prêt, mais réglé seulement sur les 20/30 aux commissaires-priseurs............................... » 9.035

Soit une recette supplémentaire de...... » 54.213

:et, cela, veuillez le remarquer, sans augmenter d'un centime nos frais d'administration.

Quant au déficit à la charge de l'administration, pouvant résulter du surprêt des 7/30, il est certainement difficile de l'apprécier exactement. Il serait indispensable pour cela de majorer le prêt de chaque gage vendu des 7/30 de son estimation et d'y ajouter les intérêts et droits en résultant afin d'établir un nouveau décompte.

Je n'ai pu, faute de temps, faire dresser ce décompte pour l'année entière, mais il m'a été possible de le faire établir pour un mois de vente. J'ai choisi de préférence le mois correspondant au déficit le plus fort, la vente des gages de janvier 1905.

Ce travail a donné les résultats suivants :

	Capital	Intérêts-droits	Boni	Déficits
Prêts aux 2/3 et 4/5 de l'estim.	27.270	2.019 17	13.045 16	387 33
Prêts aux 9/10 de l'estimation	35.572	2.754 44	7.054 72	3.437 16
Différences { en plus	8.302	735 27		3.049 83
en moins			5.990 44	

Un mois de vente ayant donné 387 francs de déficit avec le prêt des 2/3 et des 4/5, aurait donc donné en prêtant les 9/10 de l'estimation une perte de 3.437 francs dont 3.049 francs à la charge de l'administration, ce qui représente pour l'année entière un déficit maximum de 36.598 francs. . . . .

Si importante que soit cette somme elle est cependant inférieure de 17.615 francs à la recette correspondante.

En prêtant les 9/10 de l'estimation dont 7/30 à notre charge, nous *risquions*, il est vrai, un déficit maximum de vente de 36.598 francs, mais *nous étions assurés*, d'autre part, d'une recette supplémentaire de 53.670 fr. L'opération se serait traduite, en réalité, par un excédent de recettes de 17.615 francs, constituant bénéfice, puisqu'il n'aurait été grevé d'aucuns frais nouveaux.

Nous devons également considérer que certaines mesures à prendre peuvent influencer favorablement le résultat des ventes : L'exposition des gages, la mise à prix fixée au chiffre de l'estimation, le retrait jusqu'à la troisième exposition de tout gage, dont la mise à prix ne serait pas couverte, sont autant de moyens à notre disposition pour lutter contre la coalition des acheteurs professionnels. Ces mesures, il suffit de les adopter et de les appliquer rigoureusement. Nous prêtons sur la foi d'une estimation devant logiquement représenter la valeur vendable du nantissement et, si la responsabilité pécuniaire des commissaires-priseurs demeure limitée à un risque déterminé, leur responsabilité morale s'étend, tout au moins, jusqu'au chiffre de cette estimation, base de notre prêt. Nous avons donc le droit de leur demander de pousser leurs adjudications jusqu'à ce chiffre représentatif d'une valeur que leur compétence a moralement garanti, non seulement à l'administration, mais également au déposant.

Nous devons prévoir, en outre, une diminution sensible du nombre des gages vendus. Nos emprunteurs restant en rapport direct avec l'Administration, n'étant plus obligés de payer des intérêts usuraires pour rentrer en possession de leurs reconnaissances, pourront plus

facilement dégager on renouveler leurs nantissements.
Il y aura moins de gages vendus, et ceux qui le seront,
atteindront des adjudications d'autant plus élevées que
leur nombre sera moins important.

En résumé, le prêt des 9/10 augmentera les produits
et revenus des Monts-de-Piété sans augmenter leurs
charges et diminuera, d'autre part, l'importance des
ventes, c'est-à-dire des risques à courir.

J'en conclus donc logiquement que cette mesure,
depuis longtemps appliquée au Mont-de-Piété de Toulouse, et qui, dernièrement en Italie, a fait l'objet d'une
réforme des statuts du Mont-de-Piété de Rome, peut,
sans inconvénient, être étendue à la généralité des
Monts-de-Piété français. Elle aura pour effet certain de
détruire, du côté des emprunteurs, la cause qui les faisait
recourir à un deuxième prêt usuraire, dont la conséquence était, le plus souvent, de les priver de leurs
gages ou du boni en résultant.

Il me reste encore à examiner, sous son deuxième
aspect, côté des prêteurs, la cause permettant l'offre des
capitaux avec certitude de bénéfice, que ces capitaux
soient ou non remboursés par les emprunteurs.

Je dis que ce bénéfice est certain. Comment ne le
serait-il pas, puisque, dans le cas où les emprunteurs né
rembourseraient pas les prêts consentis, augmentés du
60 0/0 d'intérêt, c'est notre propre caisse, par le
paiement des bonis, qui effectue ce remboursement
et, le plus souvent, avec d'importants excédents de
bénéfices ?

Permettez-moi de vous citer les chiffres suivants :

En 1906. le Mont de Piété de Paris a payé 564.570 fr.

de bonis, dont 252.080 francs aux trafiquants *connus*, soit le 45 % environ des sommes payées. Ces sommes ont été payées sur la présentation de 59.985 reconnaissances dont 34.532 présentées par les trafiquants, soit le 57 %.

Quant aux bénéfices réalisés par les trafiquants, il est clairement établi par M. le Directeur du Mont-de-Piété de Paris, dans son compte administratif :

Les reconnaissances présentées en 1906 par les trafiquants à l'encaissement des bonis, correspondaient à un prêt total consenti par le Mont-de-Piété de 616.525 francs. Sur cette somme les prêteurs avaient avancé 123.305 francs et le Mont-de-Piété les a lui-même remboursés de cette avance, à défaut des emprunteurs, en leur payant 252.080 francs, soit avec un bénéfice net de 128.755 francs, déduction faite des déficits supportés par eux.

Ces bénéfices vraiment scandaleux, ce sont les administrations des Monts-de-Piété qui les garantissent aux prêteurs. En fait, nous sommes la caution de l'usure, l'aval de la traite tirée par elle sur la misère. Pourquoi ? Parce que, simplement nous considérons le boni comme étant payable au porteur de la reconnaissance et, cela par une interprétation très discutable de nos règlements, dont la lettre et l'esprit sembleraient, au contraire, contredire formellement cette interprétation.

Je vais m'efforcer de le démontrer.

Le règlement ministériel du 30 juin 1865, s'exprime ainsi :

Article 92, § 3.

« Lorsque le prix de vente d'un nantissement excède le montant de la dette garantie par ce nantissement, l'excédent qui prend le nom de boni, *appartient à l'em- prunteur* et doit lui être remboursé. »

Article 93, § 1.

« Aussitôt après la liquidation du produit des ventes, l'administration du Mont-de-Piété doit donner avis *aux emprunteurs*, par lettre affranchie, des bonis s'élevant à un franc et au-dessus qui leur sont acquis. »

§ 3. — « *Tout emprunteur* qui réclame un boni doit produire sa reconnaissance. »

Quelle signification le règlement de 1865 a-t-il voulu donner au mot emprunteur ?

L'emprunteur est-il le déposant du gage ou le porteur de la reconnaissance ?

Si, ainsi que l'interprètent les administrations des Monts-de-Piété pour le paiement des bonis, c'est vraiment le porteur de la reconnaissance que vise le règlement, pourquoi l'obligation de l'avis à l'emprunteur, représenté généralement par un porteur qui nous est inconnu et, par suite, ne peut être avisé ?

Pourquoi, d'autre part, ce paragraphe 3 qui exige de l'emprunteur d'être également porteur de la reconnaissance ?

Cela n'implique-t-il pas raisonnablement que le règlement prévoit deux personnalités : celle de l'emprunteur et celle du porteur, et qu'il exige la réunion de ces deux qualités en une même personne pour le paiement du boni ?

De même, que l'emprunteur doit être porteur de la reconnaissance, celui-ci ne doit-il pas, à son tour, justifier de sa qualité d'emprunteur ?

.En réalité le règlement vise le propriétaire du gage, le déposant en mains de qui un prêt a été versé sur un objet représentant une valeur supérieure à ce prêt et qui, par le fait de la vente, devient créancier du Mont-de-piété pour le complément de cette valeur, à ce moment exactement constatée.

.La reconnaissance constitue un reçu de dépôt, un récépissé au porteur et non un titre au porteur. Il y a là une distinction importante à établir : un titre au porteur est un titre de créance remis en mains d'un *prêteur* et représentant la somme versée par lui ; une reconnaissance du Mont-de-Piété est un titre délivré à un *emprunteur* et représentant le dépôt remis par lui en garantie du prêt qui lui a été consenti. Cette reconnaissance, il est vrai, n'étant pas nominative, devient par suite cessible par simple tradition manuelle, mais, remarquons-le, elle ne constitue pas un bien meuble distinct du gage dont elle n'est que la représentation.

Il en résulte que, céder ou vendre une reconnaissance du Mont-de-Piété, c'est transmettre ses droits sur le gage, mais sur le gage seulement et non sur l'excédent, sur le reliquat d'un prêt consenti à l'emprunteur qui a déposé le nantissement en garantie de ce prêt.

Acheter une reconnaissance, c'est acheter le gage lui-même, et l'intention de l'acheteur est alors clairement établie par le fait de dégager le nantissement immédiatement après l'achat de la reconnaissance.

Mais se présenter porteur d'une reconnaissance pour encaisser le reliquat résultant de la vente d'un gage dont on n'est pas le déposant c'est démontrer, non moins clairement, l'intention de réaliser une garantie à défaut du remboursement d'un nouveau prêt consenti sur cette garantie.

.C'est, en un mot, nous demander de consacrer le bénéfice d'un acte illicite, prévu et puni par le Code pénal.

La reconnaissance-gage doit être au porteur, en ce qui concerne le dégagement, ce dégagement effectué par un tiers étant la conséquence logique de la cession par l'emprunteur de ses droits sur le gage.

Quant à la reconnaissance-boni, elle paraît devoir être nominative, n'étant pas représentative, d'un gage qui n'existe plus et ce gage seul pouvant être légalement cédé ou vendu.

Elle représente, en réalité, le solde d'une garantie réalisée par l'administration pour se rembourser de sa créance, solde devant logiquement appartenir à l'emprunteur qui a déposé cette garantie.

Cette interprétation me parait répondre à la lettre et surtout à l'esprit du règlement ministériel du 30 juin 1865. Elle aurait pour effet de considérer la reconnaissance représentative du gage comme étant au porteur jusqu'au moment de la vente, pour cesser de l'être, lorsque, le gage vendu, elle ne représenterait plus que l'excédent d'une garantie réalisée par le Mont-de-Piété.

C'est bien ainsi, du reste, que l'interprète la loi du 24 juin 1851, en son article 7, visant le cas de vente anticipée et ainsi conçu :

« Tout dépositaire (il y a là erreur d'impression : dépositaire a été mis pour déposant), tout *dépositaire*, après un délai de 3 mois à partir du jour du dépôt, pourra requérir, aux époques des ventes fixées par les

règlements des Monts-de-Piété, la vente de son nantissement, avant même le terme fixé sur sa reconnaissance.

« Le prix de cet objet sera remis, sans délai, au *propriétaire-emprunteur*, déduction faite des intérêts échus et
du montant des frais fixés par les règlements. »

Ici, nous sommes en présence d'un texte clair et
précis : Le paragraphe 1 dit: *le déposant* ; le paragraphe
2 accentue cette qualité et dit : *le propriétaire-emprunteur*.

Le droit au boni, dans le cas de vente anticipée a donc
été uniquement réservé à la personne qui a effectué le
dépôt du gage, qui a reçu l'avance consentie et qui, trois
mois après, demande la réalisation de la valeur de son
dépôt.

Or, pourquoi ce qui est applicable à la vente anticipée
ne le serait-il pas également à la vente effectuée après
l'échéance du prêt? Dans le premier cas, nous vendons
sur demande de l'intéressé ; dans le second cas, nous
vendons d'office.

La vente anticipée résulte d'une demande formulée
par le *propriétaire-emprunteur* ; la vente régulière
résulte d'un consentement tacite donné par le déposant
à l'administration du Mont-de-Piété.

En quoi cette modification apportée à l'échéance du
prêt peut-elle modifier la condition du droit au boni ?
Nous refusons le paiement de ce boni au porteur de la
reconnaissance, s'il ne justifie pas de sa qualité d'emprunteur, lorsque la vente a lieu 3 mois après l'engagement et, nous lui consentons ce paiement, sur la seule

production du titre, quand la vente a été effectuée après 12, 13, 14 ou 15 mois de la date d'engagement ?

Pourquoi cette différence, cette distinction, entre la conséquence de la vente anticipée et celle de la vente règlementaire ?

La loi de 1851 nous présente un texte précis :

« Dans le cas de vente anticipée, le boni sera payé au *propriétaire-emprunteur*. »

Le règlement de 1865 nous dit que le boni appartient à *l'emprunteur*, et, par emprunteur il entend bien le déposant puisqu'il nous fait obligation de prévenir ce dernier, le seul dont nous connaissions le nom et le domicile. Il précise mieux encore : il exige la double qualité d'emprunteur et de porteur de la reconnaissance, spécifiant ainsi qu'il exclut aussi bien le *porteur* non *emprunteur*, que l'*emprunteur* non *porteur* du titre, car, dans le cas contraire, il suffisait d'indiquer simplement que le boni serait payé au porteur de la reconnaissance.

Je ne voudrais pas, Messieurs, mériter le reproche d'avoir entrepris l'ingrate tâche de torturer les textes.

Je m'efforce simplement de les comprendre.

Les lois et les règlements établissent des principes généraux laissant à l'interprétation juridique le soin de les appliquer à la multiplicité des cas particuliers.

Un texte de loi, un article de règlement sont forcément imprécis ; ils généralisent en vue d'un but déterminé. A ceux qui ont charge d'appliquer cette loi ou ce règlement, incombe le devoir de ne pas s'écarter de ce but, de bien le voir d'abord, de le viser et de l'atteindre ensuite.

Or, le règlement de 1865 a-t-il eu pour but, en ce qui concerne le paiement de boni, de réserver un bénéfice quelconque aux trafiquants de reconnaissances ?

Evidemment non. Son but certain, incontestable a été, ainsi que le spécifie la loi de 1851, de réserver au *propriétaire-emprunteur* l'excédent résultant de la réalisation de la garantie offerte pour son emprunt, que cette garantie soit réalisée, après 3 mois, sur sa demande, ou après un an, avec son tacite consentement.

En aucune partie de leurs textes, la loi et le règlement précités ne mentionnent le porteur de la reconnaissance ; en aucun cas, ils ne paraissent le viser particulièrement, et le confondent généralement avec l'emprunteur, sauf, en ce qui concerne le paiement du boni, où le règlement de 1865 distingue et sépare les deux personnalités par l'obligation faite à l'emprunteur d'être également porteur de la reconna'ssance. Quant à la loi de 1851, elle désigne très nettement le *propriétaire-emprunteur*.

On objectera, sans doute, que le dégagement s'effectue sur la seule présentation de la reconnaissance, le règlement de 1865 n'exigeant même pas le nom et le domicile de la personne qui dégage.

Oui, parce qu'au moment du dégagement, la reconnaissance n'est qu'un simple récépissé de dépôt pouvant être transmis manuellement, cédé ou vendu au gré de l'emprunteur et qu'elle ne constitue pas encore un titre de créance sur le Mont-de-Piété.

L'engagement, opération initiale, n'est-il pas nominatif et qu'est-ce que le boni, sinon le résultat final de la convention consentie, au moment de l'engagement, entre le déposant et l'Administration ? Quel droit légal le porteur de la reconnaissance peut-il avoir sur le boni ? Le fait d'avoir acheté la reconnaissance ? Mais, je le répète encore, acheter une reconnaissance c'est acheter le gage et comment supposer que l'acheteur d'un gage augmente volontairement le coût de son achat, en le grevant des intérêts à courir jusqu'au moment de la vente ? Pourquoi ne dégage-il pas, au moment de l'achat et achète-t-il alors une simple valeur d'espérance : le boni qui peut, dans bien des cas, aboutir à une désillusion : le déficit ?

Il ne dégage pas, parce qu'il ne s'en reconnaît pas le droit ; parce qu'il n'a que faire du gage ; parce que son achat prétendu ferme, n'est que la dissimulation d'un prêt illicite dont la reconnaissance qu'il détient n'est que la garantie ; il ne dégage pas parce qu'il préfère le remboursement de son prêt augmenté de 60 0/0 d'intérêts à l'aléa de la vente ; parce que, enfin, on ne s'approprie pas définitivement un dépôt, avant l'expiration du contrat dont il garantit l'exécution.

J'ai la conviction absolue que, si la lettre même du règlement de 1865 peut être interprétée, dans certains cas, tel le dégagement, en comprenant : porteur du titre quand il dit : emprunteur, il ne peut en être ainsi lorsqu'il s'agit du boni, le mot emprunteur signifiant alors le déposant, seule personnalité visée par l'esprit de ce même règlement.

Je parlais tantôt des textes et de leur interprétation.

Permettez-moi de vous rappeler celui de la loi du 24 juin 1851, relatif aux ventes anticipées :

§ 2. « Le prix de cet objet sera remis sans délai au

propriétaire emprunteur, *déduction faite des intérêts échus et du montant des frais fixés par les règlements.* »

Il résulte nettement de ce texte que le Mont-de-Piété doit au déposant le montant de l'adjudication diminué des frais et intérêts. Et le capital prêté par le Mont-de-Piété ?

Il n'en est pas fait mention.

Le texte de la loi oublie de nous le faire rembourser.

Nous l'encaissons cependant ; nous appliquons l'esprit et non la lettre du texte, sachant bien que le règlement ne saurait prévoir et vouloir la ruine, à bref délai, de tous les Monts-de-Piété.

Ce que nous faisons, dans notre intérêt, nous avons le droit et le devoir de le faire lorsqu'il s'agit de l'intérêt de nos emprunteurs, et cela, en interprétant selon leur véritable esprit les textes d'un règlement dont la lettre, n'est en somme, nullement contradictoire avec cette interprétation.

En considérant le boni comme étant nominatif, c'est-à-dire uniquement réservé au propriétaire-emprunteur, nous détruirons irrémédiablement la cause qui motivait l'offre de capitaux dont le prêt était garanti par nos reconnaissances. Cette garantie deviendra illusoire, du fait de ne plus être réalisable par le prêteur qui refusera certainement alors tout prêt sur reconnaissances, réservant ses capitaux pour des spéculations moins hasardeuses.

Je crois avoir épuisé la somme des arguments que je désirais soumettre, Messieurs, à votre judicieuse appréciation.

Veuillez me permettre de les résumer brièvement :

Le trafic usuraire des reconnaissances est un fait économique résultant de la combinaison de l'offre et de la demande : offre de prêts, demande d'emprunts.

Pour supprimer la cause de ce trafic, il faut agir également sur l'offre et sur la demande.

Sur la demande : en prêtant le maximum possible, soit les 9/10 de l'estimation, afin de supprimer le besoin d'un deuxième prêt, le premier représentant la presque totalité de la valeur du dépôt.

Sur l'offre : en considérant le boni comme étant nominatif, ce qui rend sans valeur une garantie irréalisable par le prêteur.

Pour prêter les 9/10 de l'estimation, il nous faut un décret ; demandons-le à l'autorité supérieure.

Pour rendre le boni nominatif, j'estime personnellement que nous avons le droit d'interpréter dans ce sens le texte de nos règlements ; mais, si tel n'était pas votre avis, il nous suffirait également de demander un article spécial, complétant, pour cet objet, le décret relatif au prêt du 9/10.

Tel est, Messieurs, le double vœu que j'ai l'honneur de soumettre au Congrès et que je crois devoir formuler nettement ainsi qu'il suit :

« La loi du 24 juin 1851 est complétée par les dispositions suivantes applicables à tous les Monts-de-Piété de France et d'Algérie :

« 1° Les Monts-de-Piété sont autorisés à porter le quantum de leurs prêts sur tous nantissements jusqu'aux 9/10 de l'estimation.

« 2° Dans les établissements où la prisée est faite par les commissaires-priseurs, ceux-ci ne sont responsables que jusqu'à concurrence des 20/30 de l'estimation, augmentés des intérêts et droits dus au moment de la vente, mais sur ces 20/30 seulement. Les 7/30 complétant le prêt sont à la charge de l'administration, y compris les intérêts et droits en résultant.

« 3° Le droit de prisée perçu des emprunteurs sur la totalité du prêt sera réglé aux commissaires-priseurs proportionnellement au montant du prêt dont ils sont responsables, soit sur les 20/30 de leurs estimations. Il sera fait recette de la différence au profit de l'administration.

« 4° Les bonis résultant des ventes seront payés en mains des *déposants-propriétaires-emprunteurs*, porteurs de leurs reconnaissances.

« Le déposant qui aura emprunté, par l'intermédiaire d'un mandataire, pourra justifier de son droit au boni par une déclaration de propriété faite en sa faveur par son mandataire.

« Sont exclus du droit au boni les déposants connus comme agissant habituellement en qualité d'intermédiaires :

« 5° Les dispositions du paragraphe 4 ne seront applicables que 15 mois après la promulgation du présent décret. »

Il ne me reste plus, Messieurs, qu'à vous prier d'excuser la longueur de cet exposé. J'ai voulu mettre la plaie complètement à nu, car, si nous tous en connaissons l'étendue, elle peut être ignorée ou imparfaitement connue du public.

Ce qui se dit ici doit dépasser l'enceinte de notre Congrès. Nos paroles s'adressent à tous ceux qui, de près ou de loin, accidentellement ou habituellement, peuvent s'intéresser à notre institution.

Elles s'adressent aux pouvoirs publics et particulièrement à ceux de nos législateurs qui ont à cœur la solution des questions d'assistance et de prévoyance sociales.

Nous faisons voir le mal sans exagération, mais dans sa triste réalité ; nous indiquons les moyens de le combattre efficacement en en supprimant les causes ; nous demandons le droit légal d'employer ces moyens.

Ce droit nous sera-t-il accordé ? Je le crois, si, comme je l'espère, vous voulez bien, Messieurs, joindre vos voix autorisées à la mienne et appuyer de votre compétence et de votre autorité le double vœu que je viens de formuler.

Un mot encore :

On nous reprochera, peut-être, de proposer des mesures restrictives, attentatoires à la liberté.

Nul plus que moi, Messieurs, n'est partisan du principe de liberté, source féconde de l'épanouissement individuel dans le milieu social ; mais, je ne le confonds pas avec la doctrine du laisser-faire.

La liberté de pressurer et de ruiner est, toutes relations gardées, aussi condamnable que celle de piller ou d'assassiner. La liberté individuelle se meut naturellement dans le cercle de la liberté collective. Elle est à celle-ci ce que, géométriquement, le rayon est à la circonférence ; elle ne saurait la dépasser sans la briser.

Il ne faut pas que, sous prétexte de liberté, l'usure étende ses doigts crochus sur la misère ; il ne faut pas

la laisser libre de dépouiller de leurs derniers biens les
nécessiteux et les déshérités. A ceux-ci, nous voulons
laisser la liberté d'emprunter selon leurs besoins et
jusqu'au maximum de la valeur de garantie qu'ils possèdent ; nous refusons à l'usure la liberté de l'arbitraire,
le trust des prêts clandestins qu'elle greffe illicitement
sur le monopole légal des prêts sur gages, exclusivement
réservé aux Monts-de Piété.

Le caractère officiel de notre institution a naturellement amené la création d'agences intermédiaires entre
le public et nous. Nous ne saurions nous opposer au
développement de ces industries à côté, dont les opérations sont, en réalité, licites et répondent chez le public
à un besoin d'anonymat en somme légitime et respec-
table. Nous devons considérer les commissionnaires
libres comme des intermédiaires utiles au public et les
accepter franchement à nos guichets, sous réserves de
certaines conditions à leur prescrire, en raison de l'importance de leurs opérations.

Mais, si nous leur accordons cette liberté, dans une
large mesure, en ce qui concerne leurs commissions,
nous devons la limiter à leur rôle d'intermédiaire et ne
pas leur permettre d'empiéter sur un droit dont le
monopole nous a été concédé et que notre devoir
consiste à faire respecter. Et il ne s'agit pas seulement
de notre droit, il s'agit surtout de l'intérêt de nos malheureux emprunteurs de plus en plus pressurés et si souvent déçus de l'espoir, cependant bien légitime, de
reprendre leurs nantissements, parfois pour eux sou-
venirs chers, quelques fois reliques.

C'est pour eux, Messieurs, que j'ai fait cet exposé ;

c'est à vous que je confie leur cause, convaincu que vos cœurs dévoués et généreux ne refuseront pas l'œuvre de justice et d'humanité que je leur demande. (*Vifs applaudissements*).

M. le Président. — La parole est à M. l'Inspecteur du Mont-de-Piété de Paris, qui est inscrit pour la même question.

M. Blanchemain (Paris). — Après l'exposé que vous venez d'entendre — la question a été traitée avec une telle ampleur que je ne saurais rien y ajouter d'utile — vous n'entendrez de ma part que des redites. Toutefois, comme la conclusion de mon travail n'est pas la même, je vous demanderai cependant la permission de vous lire ce que nous avons rédigé et vous apprécierez dans quelles limites vous pourrez émettre le vœu que nous vous proposons.

Avant de commencer cette lecture, je ferai cependant une petite remarque. M. le Directeur du Mont-de-Piété de Marseille propose de rendre le boni nominatif. Or, je ne sais comment on pourrait arriver à payer un boni nominativement. A Marseille ou dans les autres Monts-de-Piété de province, cela peut être possible ; mais à Paris, il y aurait une difficulté énorme pour arriver à rendre la chose pratique.

C'est d'ailleurs une simple objection d'ordre et non pas une objection théorique : il serait à désirer que nous puissions agir ainsi ; mais je crains que, dans la pratique, cela ne soit pas possible, surtout au Mont-de-Piété de Paris, étant donné les difficultés qu'il y aurait à vaincre par suite du nombre de ses opérations.

Il faudrait exiger à nouveau des justifications d'identité ; or, les bonis se paient, au Mont-de-Piété de Paris, aussi bien dans les bureaux auxiliaires que dans les bureaux centraux et lorsque vous avez fait un engagement dans un bureau, ce bureau seul possède les documents. Comment, dès lors, contrôler l'identité ?

M. Lesbros (Marseille). — Il suffirait, il me semble, avant de se présenter à la Caisse des bonis, qu'on fît viser sa reconnaissance par un employé chargé de vérifier si la personne qui se présente est bien celle qui a fait l'engagement.

M. Blanchemain (Paris). — Il y aurait là une organisation peut-être un peu complexe. Il faudrait alors que l'emprunteur s'adressât toujours directement au bureau où il a fait l'opération.

M. Barthelet (Marseille) *et autres*. — Oui ! et cela paraît rationnel.

M. Blanchemain (Paris). — Nous avons des gens qui se déplacent aisément, mais pour d'autres, par contre, la chose est difficile, et véritablement, s'ils habitent à un autre bout de la ville, il pourra leur être assez difficile, évidemment, de se transporter.

M. Lesbros (Marseille). — Remarquez qu'ils sont les créanciers du Mont-de-Piété : il n'y a donc rien d'abusif à exiger d'eux certaines garanties avant le paiement.

M. Blanchemain (Paris). — Je crains que dans la pratique cela n'amène certaines difficultés ; mais je n'insiste pas autrement.

Avant de soumettre au Congrès le rapport que je suis chargé de lui présenter, je désire vous donner lecture des deux avis suivants du Conseil d'Etat, ayant trait à la même question :

CONSEIL D'ÉTAT

Modification à l'organisation des Monts-de-Piété
Séance du 3 Août 1887

La section de la législation de la justice et des affaires étrangères du Conseil d'Etat, qui, sur le renvoi ordonné de M. le Ministre de la Justice, a pris connaissance de deux propositions de loi, tendant à modifier la législation sur les Monts-de-Piété ;

Sur la proposition de MM. MARGAINE, FRANCISQUE RAYMOND et HORTEUR, demandant qu'il soit provisoirement permis aux Monts-de-Piété de faire à l'emprunteur sur gage un complément de prêt sur dépôt de la reconnaissance délivrée en échange de l'objet déposé ;

Considérant que cette mesure entraînerait pour les Monts-de-Piété de nombreuses difficultés ;

Qu'elle serait de nature à créer un aléa que l'on ne pourrait faire supporter aux commissaires-priseurs qui, du reste, pour se couvrir des risques que leur ferait courir cette disposition, baisseraient le prix d'estimation ;

Qu'il faudrait, dans ces conditions, mettre cet aléa à la charge des Monts-de-Piété, leur constituer, dès lors, un capital ou assurer la garantie de l'Etat à des établissements municipaux ;

Que la mesure proposée serait, du reste, insuffisante, l'écart existant entre le prix d'estimation et les sommes avancées sur l'objet de la reconnai-sance ne faisant pas disparaître l'intérêt que croit avoir l'emprunteur à s'adresser au brocanteur,

Est d'avis :

Qu'il n'y a pas lieu d'autoriser les Monts-de-Piété à faire des opérations secondaires et prêter sur reconnaissances d'objets déposés et que, par suite, il n'y a pas lieu de supprimer le monopole des Commissaires-priseurs.

CONSEIL D'ÉTAT

Projet d'avis sur les modifications à apporter au fonctionnement du Mont-de-Piété de Paris en vue de supprimer le trafic des reconnaissances.

Rédaction des Sections Réunies

Le Conseil d'Etat, consulté par le garde des Sceaux, ministre de la Justice, sur les modifications à apporter au fonctionnement du Mont-de-Piété de Paris :

Considérant qu'aux termes du règlement du Mont-de-Piété de Paris, annexé au décret du 8 thermidor an XIII, les Commissaires-priseurs du département de la Seine sont chargés de procéder aux ventes des effets mobiliers déposés en gage, de faire l'appréciation des objets offerts en nantissement et sont garants envers l'Administration des suites de leurs estimations ;

Considérant que, dans le but d'assurer le fonctionnement du Mont-de-Piété qui devait, aux termes du décret du 24 messidor, an XII, être régi au profit des pauvres, les auteurs du règlement de l'an XIII étaient surtout préoccupés de la nécessité de protéger le Mont-de-Piété contre toute éventualité de perte à la vente des gages et de garantir la sécurité des capitaux que cet établissement devait emprunter pour les prêter à son tour en nantissement;

Que ces motifs les avaient portés, d'une part, à établir entre le Mont-de-Piété et les Hospices une sorte d'union administrative et financière, en obligeant le Mont-de-Piété à verser ses bénéfices dans la caisse hospitalière et les hospices à garantir par une hypothèque générale de leurs biens les emprunts que devait contracter le Mont-de-Piété, et, d'autre part, à mettre à la charge des Commissaires-priseurs tous les risques pouvant résulter de la réalisation des gages ;

Considérant que cette responsabilité ne pouvait être imposée aux Commissaires-priseurs investis par la loi du 27 ventôse an IX du droit exclusif de vendre les effets mobiliers, que s'ils étaient en même temps chargés d'apprécier les objets mis en gage ; que ces officiers ministériels étaient ainsi doublement intéressés à faire atteindre à l'adjudication la somme la plus élevée possible puisqu'ils étaient responsables de la différence entre la prisée et la vente et qu'ils étaient rémunérés par un droit proportionnel au produit des enchères qui constitue le boni de l'emprunteur ; qu'en second lieu, l'allocation d'un droit de prisée, proportionnel aux sommes avancées par le Mont-de-Piété, était la compensation de la responsabilité imposée aux Commissaires-priseurs et devait les porter à ne pas baisser le montant de leurs évaluations ;

Considérant que cette organisation du service de la prisée et de la vente présentait en outre l'avantage de supprimer tout rapport direct, toute discussion entre les employés du Mont-de-Piété et les emprunteurs, toujours disposés à exagérer la valeur de leurs gages, et, en assurant l'indépendance des appréciateurs dans l'intérêt du public et des hospices, garantissait une sécurité absolue dans la gestion du Mont-de-Piété ;

Considérant que, par divers documents soumis au Conseil de Surveillance, l'Administration du Mont-de-Piété prétend établir que le service de la prisée fonctionne dans des conditions onéreuses pour cet établissement, que les Commissaires-priseurs sont portés à déprécier la valeur des gages afin de diminuer les risques résultant de leur responsabilité pécuniaire et que cet écart considérable entre le montant des prêts et la valeur des gages pousserait les emprunteurs à s'adresser aux maisons de prêt sur reconnaissances pour en obtenir presque toujours une avance complémentaire, égale au cinquième du prêt déjà consenti par le Mont-de-Piété ;

Considérant que ces critiques dirigées contre le système actuel de prisée et la nécessité de mettre un terme au trafic des reconnaissances ont déterminé le gouvernement à saisir le Parlement en 1890 d'un projet de loi ayant pour objet de substituer aux Commissaires-priseurs, pour la prisée et la vente, des employés du Mont-de-Piété nommés par le préfet de la Seine ;

Considérant qu'à l'égard de la vente des objets engagés, la suppression du privilège des Commissaires-priseurs présenterait des inconvénients sérieux et se concilierait difficilement avec la règle générale que les ventes publiques d'objets mobiliers ne peuvent avoir lieu sans l'intervention d'un officier ministériel, surtout lorsqu'il s'agit d'une réalisation de gage opérée d'office par un créancier, en dehors et en l'absence du débiteur ;

Qu'en ce qui concerne le mode de prisée, le remplacement des appréciateurs responsables par des employés à traitement fixe et désintéressés dans le montant du prêt et le produit de la vente ne permettrait pas de réaliser une économie sérieuse ; que l'intervention des Commissaires-priseurs n'a apporté aucune entrave aux opérations de prêts et de ventes, mais a contribué à établir le crédit du Mont-de-Piété, en lui permettant de diminuer l'intérêt qu'il doit payer à ses bailleurs de fonds pour arriver à réduire successivement l'intérêt de ses prêts ; que la suppression des Commissaires-priseurs pourrait accroître les exigences des prêteurs, serait de nature à créer un aléa que devrait supporter le Mont-de-Piété, obligé dès lors de constituer un fonds de réserve, et pourrait entraîner des pertes dont il est difficile de prévoir l'étendue en transformant le Mont-de-Piété en un véritable établissement financier, autorisé à prêter sur gages à ses risques et périls ;

Considérant qu'il importe de maintenir au Mont-de-Piété de Paris son caractère d'établissement public, institué dans le but de fonder, au moyen du prêt sur nantissement, le crédit sous la forme la plus accessible aux pauvres et aux ouvriers ; que si le Mont-de-Piété ne se borne pas à faire des avances aux nécessiteux et s'il prête, comme il l'a fait de tout temps, à tous ceux qui réclament ses services, c'est afin de procurer à tous, sans distinction, le bienfait de prêts modérés et entourés de garanties légales, conséquence logique des prohibitions qui frappent la libre industrie du prêt sur gages ; c'est surtout afin de pouvoir, au moyen des bénéfices réalisés sur les prêts importants, supporter la charge des prêts onéreux et accomplir vis-à-vis des petits emprunteurs son œuvre de bienfaisance ; considérant, au surplus, que le reproche adressé aux Commissaires-priseurs d'estimer les objets offerts en nantissement au-dessous de leur valeur réelle ne paraît pas fondé ; qu'en effet, si des erreurs inévitables d'appréciation peuvent être relevées, il résulte des statistiques publiées par l'Administration du Mont-de-Piété que le taux du prêt consenti sur les gages vendus dépasse en moyenne les deux tiers du prix de leur estimation et est supérieur à la proportion fixée par l'article 58 du règlement du 8 thermidor an XIII ;

Qu'ainsi l'innovation proposée n'est justifiée ni en fait ni en droit ; qu'elle aurait pour résultat d'affaiblir le caractère public et charitable du Mont-de-Piété, sans lui permettre de développer les services qu'il doit rendre aux classes nécessiteuses, et ne porterait aucune atteinte, même indirecte, au trafic des reconnaissances dont l'extension, constatée depuis 1879, doit être attribuée, soit à l'inefficacité des mesures qui pourraient permettre de le réprimer, soit à la proportion insuffisante du taux de la somme prêtée par rapport à la valeur d'estimation ;

Considérant que dans l'état actuel de la législation, l'exercice du monopole du prêt sur gages, établi par la loi du 16 pluviôse an XII n'est sanctionnée que par l'article 411 du Code pénal qui punit le délit de tenue de maison de prêt sur gages ; qu'aucune disposition pénale n'interdit l'achat et la vente des reconnaisances du Mont-de-Piété ; que, si plusieurs arrêts ont reconnu en fait que, sous le nom d'achats à réméré, divers brocanteurs faisaient en réalité des prêts sur nantissement de reconnaissances du Mont-de-Piété et tombaient par suite sous l'application de l'article 411 du Code pénal, les proportions considérables qu'a prises à Paris le trafic des reconnaissances démontrent la difficulté d'atteindre les brocanteurs qui, sous une apparence mensongère uniquement destinée à leur assurer l'impunité, ne font en réalité que des prêts sur gages; que cette impunité relative a favorisé l'extension de ce trafic qui procure des bénéfices élevés aux maisons d'achat de reconnaissances; que, pour mettre un terme à cette exploitation des classes nécessiteuses, il importe d'interdire d'une manière absolue l'achat des reconnaissances, en modifiant l'article 411 du Code pénal et en l'étendant à ceux qui achètent habituellement des reconnaissances;

Qu'en même temps, pour rendre plus efficaces les mesures de rigueur ci-dessus proposées, il conviendrait d'autoriser le Mont-de-Piété à consentir un complément de prêt sur les gages; que, grâce à cette modification de l'article 58 du règlement annexé au décret du 8 thermidor an XIII, les emprunteurs recevraient une somme plus élevée sans être obligés de s'adresser aux brocanteurs et de subir, par suite de leurs exigences usuraires, et sans être réduits à leur abandonner soit la propriété du gage, soit le boni obtenu à la vente; qu'à la vérité on pourrait craindre que cette élévation du taux des prêts n'eût pour résultat, en multipliant les ventes, d'augmenter les déficits d'adjudication et que cette aggravation de responsabilité par les Commissaires-priseurs ne favorisât la tendance qui leur est reprochée de baisser le montant de leurs estimations;

Mais, considérant que l'interdiction de l'achat des reconnaissances rendrait plus difficile la transmission des reconnaissances aux mains d'intermédiaires, moins intéressés que les emprunteurs à dégager les objets déposés et contribuerait à maintenir le nombre des ventes dans une proportion normale; que, d'autre part, pour obvier, dans une certaine mesure, aux abus qui pourraient résulter dans ce cas de la responsabilité des appréciateurs, il conviendrait de décider que la somme avancée par le Mont-de-Piété au delà de la proportion actuellement fixée par l'article 58 précité n'entrerait pas en compte dans le calcul du droit de prisée et que les Commissaires-priseurs ne seraient pas tenus de garantir le Mont-de-Piété des déficits résultant de ce complément de prêt, lors de la réalisation des gages,

Est d'avis :

Qu'il y a lieu :

1° De modifier l'article 411 du Code pénal en l'étendant à ceux qui achètent habituellement des reconnaissances ;

2° D'autoriser le Mont-de-Piété à porter le montant du prêt aux neuf dixièmes de l'estimation fixée par les Commissaires-priseurs, sans que la somme avancée au delà de la proportion actuellement déterminée par l'article 58 du règlement de l'an XIII puisse donner lieu soit à rémunération soit à responsabilité pour les appréciateurs du Mont-de-Piété.

> Le Président de Section, présidant la séance, *Signé :* A. Tétrau. — Le Conseiller d'Etat, rapporteur, *Signé :* A. de Rouville. — Le Maître des Requêtes, Secrétaire Général du Conseil d'Etat, *Signé :* Abel Flourens.

M. Blanchemain (Paris). — C'est appuyé sur les deux avis qui précèdent que j'ai l'honneur de vous présenter le rapport suivant :

Messieurs,

La question du trafic des reconnaissances est depuis longtemps l'objet des études minutieuses au sein des Conseils d'Administration ou de Surveillance des Monts-de-Piété de France et d'Algérie et, à différentes reprises, des Commissions parlementaires l'ont examinée.

Si elle figure aux programme de nos travaux, si elle est portée aujourd'hui devant votre Assemblée, c'est qu'elle entre d'année en année dans une phase plus aiguë ; c'est que l'extension croissante de l'industrie des prêteurs clandestins et des brocanteurs qui, sous forme de ventes à réméré, prêtent sur les titres émis par les Monts-de-Piété, crée un véritable danger public que notre devoir est de combattre.

Aussi, serions-nous heureux que le Congrès pût trouver une solution pratique qui permît enfin d'aboutir à l'heureux résultat que nous désirons tous, et dont se féliciteraient les principaux intéressés : les emprunteurs de toutes classes qui s'adressent à nos établissements.

La question que nous avons accepté de développer devant vous, au nom du Mont-de-Piété de Paris, est intimément liée à la réforme de la prisée et de la vente des gages.

Nous ne voudrions pas abuser de vos instants en vous faisant l'historique de toutes les propositions qui ont été l'objet de rapports discutés au Parlement ou au Conseil d'Etat.

Nous vous rappellerons seulement celles qui ont donné lieu à un vote.

On voit par les résultats obtenus que des divergences d'opinion se sont toujours produites lorsqu'il s'est agi de la solution de ce problème social, et il n'y a pas lieu d'en être surpris, si l'on songe aux intérêts qui se trouvent en jeu.

Par les règlements qui la régissent, la Compagnie des Commissaires-Priseurs a le droit d'exiger qu'on ait recours à ses services dans toutes les villes de France où il existe un Mont-de-Piété.

Certaines villes, notamment Toulouse, ont essayé

d'interpréter les lois et les décrets dans un sens contraire.

Nous ne chercherons pas à manifester nos tendances personnelles, ni notre opinion sur l'appréciation ; nous nous contenterons de dire, en ce qui concerne les ventes, que seuls, les Commissaires-priseurs, en vertu de l'article 1 de la loi du 22 pluviôse an VII, ont le droit d'y procéder.

Le dernière proposition actuellement soumise au Sénat est celle de M. Paul Strauss, sénateur, qui demande, par l'article 3 de son projet, que des « employés irresponsables » soient substitués aux Commissaires responsables, et que la vente, en vertu du monopole dont ils jouissent, continue d'être exercée par eux, sous le contrôle de l'Administration.

Les avantages qui résulteraient de cette proposition, si elle était adoptée, seraient les suivants :

L'emprunteur qui, jusqu'à ce jour, ne reçoit que les 4/5 au poids sur les valeurs d'or et d'argent, pourrait solliciter les 9/10 de l'estimation. La seule condition nouvelle serait qu'il consentît à recevoir en échange de son dépôt un récépissé inaliénable.

L'application de cette proportion à la fixation des prêts diminuerait la différence qui existe entre le prêt consenti et le montant de l'estimation, et par conséquent, laisserait une marge moins grande au trafic qui s'exerce sur nos titres.

Mais si nous constatons les avantages à acquérir, n'y a-t-il pas lieu de se préoccuper des inconvénients qui pourraient naître d'une méthode nouvelle et auxquels on ne songe pas ordinairement ?

Si, dans certains Monts-de-Piété, les fonds nécessaires à leur fonctionnement sont ou ont été constitués par des dotations, par des subventions, par des prêts ou par l'accumulation des excédents de recettes, dans d'autres établissements (et non dans les moins importants), on doit recourir au système de l'emprunt, et par conséquent, solliciter des fonds d'une clientèle qu'il est assez difficile de se créer.

Or, cette clientèle, mue par le désir de confier ses capitaux à un Etablissement de tout repos, n'ignore pas que la responsabilité des Commissaires-priseurs, là où la prisée leur est confiée, la garantit contre tous les risques, puisque, dans le cas où ces officiers ministériels auraient reçu des gages d'une valeur inférieure au prêt consenti, ils seraient dans l'obligation de compenser cette différence.

Cette considération peut être appréciée de diverses façons ; elle doit cependant être retenue.

Il en est une autre qui laisse place à un imprévu beaucoup plus grand : nous voulons parler du remplacement des Commissaires-priseurs par des employés irresponsables dépendant de l'établissement.

Peut-on prévoir les risques que pourrait amener ce nouvel état de choses s'il était créé ?

Peut-on prévoir également les mécomptes qui ne manqueraient pas de se produire au moment des ventes ?

Les Commissaires-priseurs, malgré l'avantage qu'il y aurait pour eux à pousser les enchères, y mettraient-ils le même empressement que celui dont ils font preuve lorsqu'ils sont déjà chargés de l'appréciation et de la prisée ?

Nous n'émettons ici que des observations ; nous n'affirmons nullement que nos arguments soient invincibles, et nous laissons à M. Paul Strauss le soin de résoudre un problème auquel il s'est attaché depuis de si longues années avec l'activité que vous lui connaissez, pour arriver à un autre projet dont la réalisation paraît mieux entrer dans les intentions des pouvoirs publics, ainsi que nous allons nous efforcer de le prouver.

Lors de la présentation du projet qui consistait à autoriser le Mont-de-Piété à faire lui-même un prêt supplémentaire sur les reconnaissances émises par cette administration, le Conseil d'Etat a émis l'avis qu'il était impossible d'autoriser l'établissement prêteur à consentir une avance au 2º degré sur ses propres titres.

Après le rejet de la proposition de M. Horace de Choiseul, relative à la réforme de la prisée, le Conseil d'Etat eut à statuer, à nouveau, sur les modifications à apporter au fonctionnement des Monts-de-Piété en vue de supprimer le trafic des reconnaissances et, dans sa séance du 1ᵉʳ juillet 1895, il émit l'avis suivant :

1º De modifier l'article 411 du Code pénal en l'étendant à ceux qui achètent habituellement des reconnaissances ;

2º D'autoriser le Mont-de-Piété à porter le montant du prêt aux neuf dixièmes de l'estimation fixée par les Commissaires-Priseurs, sans que la somme avancée au delà de la proportion actuellement déterminée par l'article 58 du règlement de l'an XIII puisse donner lieu soit à rémunération, soit à responsabilité pour les appréciateurs du Mont-de-Piété.

Or, malgré cette décision du Conseil d'Etat, qui pouvait laisser espérer que des mesures seraient prises en vue d'éviter le commerce illicite auquel se livrent les brocanteurs, aucune solution n'est intervenue et ce trafic prend chaque jour une extension plus grande.

Le moment ne pouvait donc être mieux choisi pour vous soumettre un projet de vœu qui consisterait, en rappelant la décision du Conseil d'Etat, à proposer une adjonction à l'article 411 du Code pénal qui pourrait être ainsi modifié :

Art 411. — Ceux qui auront établi ou tenu des maisons de prêt sur gage ou nantissement, sans autorisation légale, ou qui, ayant une autorisation, n'auront pas tenu un registre conforme aux règlements, contenant de suite, sans aucun blanc, ni interligne, les sommes ou les objets prêtés, les nom. domicile et profession des emprunteurs, la nature, la qualité, la valeur des objets mis en nantissements, *ainsi que ceux qui auront acheté habituellement des reconnaissances des Monts-de-Piété,* seront punis d'un emprisonnemnt de quinze jours au moins, de trois moins au plus, et d'une amende de 100 francs à 2.000 francs.

Mais la question se pose alors de savoir si on peut interdire l'achat des reconnaissances. On a cru que l'on ne pouvait pas empêcher ce commerce parce que, le titre d'un dépôt étant considéré comme une propriété entièrement disponible entre les mains de son détenteur, celui-ci doit pouvoir en disposer à sa guise.

Il nous semble, cependant que, dans le cas qui nous occupe, il n'y a pas lieu de considérer une transaction de ce genre comme un marché légal, lequel ne peut exister qu'en vue de l'objet même du trafic.

Cette question, toutefois, nous paraît devoir être réservée à l'examen du législateur ; et nous ne pouvons que souhaiter que le Parlement français, imitant en cela le Parlement belge, sanctionne par son vote une mesure qui a supprimé, pour ainsi dire complètement, le trafic des reconnaissances en Belgique.

Nous serions heureux que les considérations que nous venons d'exposer parussent suffisamment fondées aux membres de ce Congrès, pour obtenir de leur part le vote du vœu suivant qui permettrait d'intéresser d'une façon plus efficace peut-être les Pouvoirs publics à cette question de la suppression d'un trafic si nuisible aux emprunteurs.

En agissant ainsi, nous aurions la satisfaction, si nous réussissions, d'avoir accompli un acte de la plus haute portée sociale, puisque nous aurions soustrait nos populations respectives à des pratiques néfastes qui rappellent celles des Lombards.

PROJET DE VŒU

Le Congrès des Monts-de-Piété de France,

Considérant que la réforme de la prisée et de la vente des gages dans la plupart des Monts-de-Piété de France et d'Algérie mérite de retenir tout particulièrement l'attention des Services Publics ,

Considérant que les moyens préconisés et notamment ceux qui consisterait à appliquer la réforme présentée dans le sens indiqué par M. Paul Strauss, sénateur, doivent être attentivement examinés ;

Considérant toutefois qu'il peut y avoir danger à substituer des employés du Mont-de-Piété, agents irresponsables, aux Commissaires-Priseurs pécuniairement responsables ;

Que, notamment, vu la confiance que le privilège de ces derniers inspire aux déposants de fonds, la question de l'emprunt doit être intimement liée à celle de la suppression des Commissaires-Priseurs ;

Et qu'en outre, on ne doit pas manquer d'examiner, en raison du monopole dont ils jouissent, les conséquences possibles de leur suppression ;

Emet le vœu :

Qu'il y a lieu d'étudier le projet Strauss en tenant compte des considérants indiqués ci-dessus;

Qu'il y aurait un avantage immédiat plus réel à poursuivre la réalisation de la décision prise par le Conseil d'Etat, consistant à modifier l'article 411 du Code Pénal, en lui substituant une rédaction analogue à celle de l'article 308 du Code belge.

Voilà, Messieurs, la conclusion de notre travail. Evidemment, ce travail n'est pas tout à fait complet et la question n'a pas été traitée de la même façon que par M. le Directeur du Mont-de-Pitié de Marseille ; mais il est certain que si on pouvait arriver à supprimer le droit d'acheter les reconnaissances, on aurait pris une mesure radicale qui rendrait les plus grands services à tous les emprunteurs.

M. Lesbros (Marseille). — Si nous restreignons le droit d'acheter des reconnaissances, nous restreignons par là-même le droit de les vendre. Pourquoi ferions-nous cela ?... Ne serait-ce pas porter atteinte à la liberté de nos emprunteurs ?

Tandis qu'en rendant le boni nominatif, nous supprimons radicalement le trafic de toutes les reconnaissances, et cela, sans porter préjudice au droit de nos emprunteurs.

En somme, vous voyez que nos conclusions tendent au même but, avec cette différence que le moyen que vous proposez réprime les abus alors que le mien en supprime les causes.

M. Blanchemain (Paris). — La question posée par vous présente un grand intérêt ; mais je reviens à ce que je disais : Dans la pratique cela demeurera difficile à appliquer.

M. Lesbros (Marseille). — Je ne puis évidement pas juger ce qui se passe au Mont-de-Piété de Paris qui a incontestablement une plus grande importance que ceux de province ; mais ici, à Marseille, il me semble qu'avec un employé de plus on pourrait exiger que les personnes fassent viser leurs reconnaissances avant l'encaissement des bonis.

M. Blanchemain (Paris). — Il y a là un côté pratique que nous ne pouvons comparer.

M. Lesbros (Marseille). — Cependant, si nous pouvons y parvenir avec un employé, vous pourrez à Paris y parvenir avec dix et j'estime que pour arriver à une réforme aussi importante, le Mont-de-Piété peut bien s'imposer un service supplémentaire de dix employés. Remarquez que ce service supplémentaire supprimerait l'obligation, pour les emprunteurs, de se transporter au bureau où le dépôt a été fait.

M. Vidal-Naquet (Marseille). — Quand on doit de l'argent à une personne, je ne crois pas que cette personne hésite à faire une démarche de plus pour aller toucher l'argent qui lui est dû.

Si vous donnez un chèque sur la Banque de France à un individu du Bois de Boulogne, par exemple, et que vous l'obligiez à faire viser ce chèque, il n'hésitera pas à le faire.

M. Lesbros (Marseille). — Nous ne demandons pas autre chose : que l'on fasse viser son titre de créance sur le Mont-de-Piété. Un autre moyen, peut-être plus pratique encore, consisterait simplement à ajouter une colonne au registre matricule des bonis, colonne où serait mentionné le nom de l'engagiste, ce qui permettrait la vérification de la qualité du porteur.

M. Couve (Marseille). — Quelle preuve d'identité avez-vous ? Pour un chèque la signature est en quelque sorte « immédiate », tandis que sur une reconnaissance, à plusieurs mois d'intervalle, la signature change.

M. Barthelet (Marseille).— Bien que ce ne soit peut-être pas très légal, je vous dirai qu'à Marseille nous forçons les engagistes à signer sur le registre... C'est d'une légalité douteuse, je le répète...

M. Couve (Marseille). — Croyez-vous qu'à plusieurs mois d'intervalle les signatures n'ont pas changé ? Nous Banquiers, nous constatons combien les signatures changent.

M. Vidal-Naquet (Marseille). — Si vous trouvez une différence dans les signatures, vous le faites constater par des témoins.

M. Roublon (Nice). — Messieurs, je me garderais d'abuser de vos instants, et encore moins de faire la moindre observation, mais il me semble que les questions qui viennent de nous être développées sont tellement complexes qu'elles devraient faire l'objet d'une étude plus approfondie et il serait de notre devoir et de notre dignité de les examiner avec le plus grand soin avant de nous prononcer.

Il s'agit de choses très importantes concernant les Monts-de-Piété. Eh bien, je crois qu'on s'avance beaucoup lorsqu'on nous demande de répondre par oui ou par non.

Il me semble que des questions semblables auraient dû nous être communiquées quelques jours à l'avance pour pouvoir être étudiées d'une façon très sérieuse. Nous aurions été tous fixés et nous aurions donné ou refusé notre approbation en connaissance de cause.

M. Ricard (Avignon). — Messieurs, j'approuve l'observation faite par notre collègue de Nice et j'émets le vœu que, pour le prochain congrès des Monts-de-Piété, les rapporteurs veuillent bien donner au bureau chargé de l'organisation, leurs rapports complètement terminés, à temps pour les faire imprimer et les envoyer à l'avance aux divers Monts-de-Piété. Leurs Conseils d'Administration respectifs pourraient alors se réunir, discuter ces rapports et les délégués voteraient alors, après une étude approfondie. Les questions présenteraient une réelle autorité, car je vous avoue qu'en ce qui me concerne, j'hésite presque à émettre un vœu qui engagerait le Mont-de-Piété que je représente. Cette manière de faire porterait certainement beaucoup de fruits et produirait des résultats très heureux.

M. Roublon (Nice). — J'estime, Messieurs, que dans ces conditions seulement, nous pourrions faire œuvre utile. Les questions seraient, en effet, arrivées à ce point, quand nous aurions à refuser ce que nous croirions devoir refuser ou accepter ce qui nous paraîtrait devoir être accepté et nous ferions ainsi du bon travail.

M. Vidal-Naquet (Marseille). — Je ne demande pas mieux que les questions soient soumises à l'avance aux divers Monts-de-Piété ; mais je ne suis pas d'avis qu'un Congrès, après les avoir étudiées en séance, ne puisse pas délibérer utilement sur des points reconnus exacts et bien fondés pour tous.

M. Barthelet (Marseille). — Le moyen le plus simple, c'est de faire imprimer les rapports et les envoyer, pour que, dans un prochain Congrès, on puisse les connaître.

M. Ricard (Avignon). — Nous avons toujours rompu la glace, le reste est une question de détail.

M. Vidal-Naquet (Marseille). — Ce n'est pas le but que nous poursuivons, de rompre la glace. Le but que nous poursuivons est de préparer, au contraire, de nouvelles questions...

M. Barthelet (Marseille). — ... c'est de constituer un organisme, de faire un premier pas vers une organisation définitive.

M. Vidal-Naquet (Marseille). — Il n'est pas besoin, alors, de nous fatiguer. Les rapports seront envoyés à chacun des Monts-de-Piété pour, dans un, deux ou trois ans, être discutés : mais il est bien inutile que nous continuions à faire des séances...

M. Ricard (Avignon). — Il y a des questions que nous pouvons trancher ; mais, à côté d'elles, il en est d'autres qui sont très graves, et celle-là en est une ; pour ma part, je suis hésitant.

M. Cohendy (Lyon). — Nous sommes délégués avec pleins pouvoirs pour examiner et émettre des vœux sur les questions soumises.

M. Picard (Paris). — Vous m'excuserez, Messieurs, de prendre la parole après tout ce qui vient d'être dit ; mais, tout en partageant l'idée qu'il y aurait intérêt à ce que les délégués soient en possession des rapports avant les réunions du Congrès, je partage l'idée des membres du Conseil d'administration du Mont-de-Piété de Marseille, quand ils demandent que les questions posées aujourd'hui soient immédiatement discutées.

Au Conseil municipal de Paris, le 10 novembre 1907, M. Jolibois, conseiller municipal, a repris une proposition de M. Strauss et déposé un projet qui a été renvoyé à la 5e Commission. L'avis émis par le Conseil municipal a été celui-ci :

« Que le Sénat examine au plus tôt le projet déposé « par M. Paul Strauss, relatif à la réforme de la prisée. »

Depuis vingt ans on se préoccupe de cette question, des idées nouvelles sont nées ; mais il n'y a pas utilité à précipiter nos décisions ; il faudrait, autant que possible, faire une proposition qui cadrât mieux avec les discussions, soit au Conseil d'Etat, soit au Conseil Supérieur de l'Assistance Publique.

Pour arriver à un résultat, nous avons tout le temps nécessaire; mais ce que je vous demande pour l'instant, Messieurs, avec toute la force possible, c'est de vouloir bien décider que le commerce des reconnaissances ne doit plus exister en France.

Il nous a été donné, au moment où nous avions été délégués en Belgique, d'étudier le fonctionnement des Monts-de-Piété belges. Eh bien, nous en sommes revenus avec des idées neuves; ce que nous vous proposons aujourd'hui, c'est ce que nous avons vu en Belgique.

Je ne voudrais certainement pas abuser de vos instants; mais je crois intéressant de vous dire un dernier mot touchant le système de *désinfection* dont il était question ce matin

Je demandais, l'an dernier, au directeur du Mont-de-Piété de Namur comment il procédait quand il recevait des gages dans un état de saleté tel qu'il pouvait y avoir danger à les placer à côté d'autres en bon état de propreté. Voici l'explication très intéressante qu'il voulut bien me fournir : « Nous avons, me dit-il, une armoire en fer. Le soir, nous enfermons les objets dans cette armoire où nous allumons une lampe au formol que nous laissons brûler pendant vingt-quatre heures. Dans ces conditions, je ne dirai pas que nous obtenons une épuration complète, absolue, mais nous pouvons dire que nous avons pris toutes les précautions pour éviter tout contact dangereux. »

Je vous demande pardon, d'avoir ainsi retenu votre

attention ; mais je crois que divers délégués de Monts-de-Piété s'intéresseront à ces quelques renseignements. Je serai heureux que la Belgique ait pu nous fournir le moyen d'être utile à nos collègues.

M. Franz van Camp (Anvers). — Messieurs, permettez-moi d'ajouter quelques renseignements à ce que vient de dire M. Picard. Depuis 1848, on a eu l'idée de lutter contre la bande des gens faisant le trafic des reconnaissances.

Le Mont-de-Piété de Bruxelles, comme vous le savez, est envahi dans ses environs, par des maisons se livrant à ce trafic.

Quand je suis arrivé, comme directeur, au Mont-de-Piété, je me suis empressé de prendre une mesure qui, je dois le dire, n'est pas tout à fait légale, mais qui a été favorable. J'ai fait imprimer sur les reconnaissances : « Ce titre ne peut être ni cédé ni vendu. »

Notez, Messieurs, que ce n'est pas tout à fait conforme à la loi ; mais je m'abrite derrière le fait suivant, c'est que, sur une reconnaissance, on peut fausser le chiffre et que la tierce personne peut être trompée, tandis que nous ne pouvons pas l'être parce que nous avons un registre.

D'ailleurs, si la Justice faisait quelque objection, je répondrais : « C'est dans un but humanitaire que nous agissons et c'est dans le propre intérêt de la tierce personne. »

En outre, chaque fois qu'une personne se présente chez moi, je lui pose cette question : « Veuillez me dire ce que contient le gage » de manière à m'assurer, tout de suite, si j'ai affaire au déposant.

Voilà, Messieurs, ce que j'avais à vous dire.

M. Hermitte (Toulon). — Il n'y a pas contradiction entre le rapport de M. le directeur du Mont-de-Piété de Marseille et celui de M. Blanchemain, de sorte que l'on pourrait s'entendre sur une rédaction définitive et nous pourrions voter un vœu qui comprendrait les deux propositions.

M. Blanchemain (Paris). — Il me semble, au contraire, Messieurs, qu'il y a quelque contradiction. Si nous émettons le vœu de la suppression du trafic des reconnaissances, il en résulte que ces reconnaissances, restant entre les mains des emprunteurs, c'est naturellement toujours eux qui se présenteront pour toucher le boni et il ne sera pas nécessaire que le boni soit nominatif.

A mon avis, l'un exclut l'autre.

Me Charles Blanc (Marseille). — Je ne suis pas tout à fait de l'avis de mon collègue de Paris.

Comme premier moyen, il demande la modification de l'article 411, dans le but d'empêcher le trafic habituel des reconnaissances.

Supposons, Messieurs, ce résultat acquis, supposons que le législateur, à la suite de propositions diverses, nous donne satisfaction. L'administration du Mont-de-Piété sera toujours dans la nécessité de prendre toutes sortes de précautions, des précautions en quelque sorte surabondantes, pour que l'article 411 ne soit pas violé. On voit tous les jours, en effet, des trafics illicites se produire.

Voilà pourquoi, Messieurs, j'estime que, tout en déclarant que l'article 411 doit être modifié, il faut, pour être logique, dire qu'il y a lieu de mettre à l'étude la question du boni payé directement à l'engagiste : ce sera le seul moyen de prévenir les abus et les fraudes.

Voilà, je crois, Messieurs, comment la proposition doit être présentée.

La question du trafic des reconnaissances est trop importante pour que nous ne puissions pas nous mettre d'accord sur les détails, et il faut qu'on sache que le Congrès est unanime à vouloir, par tous les moyens, mettre fin à ce trafic.

M. Lesbros et notre collègue de Paris ont traité tous deux la question et il me semble qu'ils ont tout fait pour la mise à l'étude des conditions dans lesquelles la question du boni devrait être réglée.

M. Pittard (Genève). — Messieurs, je croirais manquer à mon devoir si je ne vous donnais pas quelques explications, très courtes, d'ailleurs, au sujet de ce qui se passe à Genève touchant le service des avances sur reconnaissances.

Nous nous sommes préoccupés du mal que fait ce commerce de prêts sur reconnaissances et nous avons découvert des choses absolument scandaleuses. Nous avons constaté, par exemple, que l'on comptait jusqu'à 10 o/o d'intérêt par mois, ce qui rendait absolument impossible tout dégagement.

Après de mûres réflexions nous avons tenu le raisonnement suivant :

En somme, quand on se trouve en présence d'un mal connu, le plus simple pour le guérir est de se servir des mêmes procédés qu'emploient les auteurs mêmes de ce mal. Nous étions infestés ; il fallait couper le mal dans sa racine. Nous avons créé un service absolument indépendant des prêts ordinaires sous le titre : Avances sur Reconnaissances.

Les reconnaissances restent déposées en nantissement contre remise d'un certificat de dépôt portant le numéro et le prêt des reconnaissances déposées. Ce titre rigoureusement nominatif ne peut être transféré que dans les Bureaux. Ce transfert est constaté par la signature du caissier. Le montant de l'avance est établi suivant la nature des nantissements à 5, 10, 15 et même 20 % sur le montant du prêt.

Cette innovation nous a réussi. Le commerce des prêts sur reconnaissances a presque totalement disparu ; ce qui se fait actuellement est absolument infime, notre but est atteint.

M. Lesbros (Marseille). — Je désire fournir quelques explications en réponse à l'intéressant rapport de notre collègue, M. l'inspecteur du Mont-de-Piété de Paris.

L'application de l'article 411 du Code pénal, aux acheteurs habituels de reconnaissances, ne me paraît pas résoudre la question d'une façon définitive. Elle punit l'achat des reconnaissances, mais elle ne le supprime pas. L'expérience nous a démontré la facilité avec laquelle les trafiquants tournent la loi ou agissent clandestinement à son encontre. En effet, ce même article 411 qui punit le prêt sur gages et sur reconnaissances a-t-il empêché le trafic que nous voulons tous supprimer ? Il l'a simplement obligé de prendre une forme nouvelle, de modifier son étiquette. Ne pouvant pas prêter sur reconnaissances, les trafiquants ont acheté ou du moins se sont servis de cette formule pour masquer leurs prêts. Qu'on leur défende l'achat et ils trouveront une nouvelle formule, un nouveau moyen d'échapper à la loi.

Nous devons considérer, en outre, que l'achat habituel demandera, pour être reconnu, la constatation du délit d'habitude et que ce délit est facilement dissimulable à l'aide de prête-noms qui, individuellement, ne feraient que l'achat accidentel.

Ce que nous voulons atteindre, en réalité, ce n'est pas l'achat, mais le prêt clandestin dissimulé sous le nom d'achat et pour détruire celui-ci, nous interdirions celui-là qui constitue, en somme, une opération légale et peut, dans certains cas, répondre chez le public à un besoin certain.

J'en conclus que l'application de l'article 411 du Code pénal à l'achat des reconnaissances dépassera le but à atteindre et qu'elle deviendra restrictive de liberté pour le public, dont le droit incontestable est de pouvoir vendre ses reconnaissances, représentatives de gages qui sont sa propriété.

Je maintiens donc ma proposition, demandant que le boni soit considéré comme nominatif, seule solution réservant au véritable emprunteur un bénéfice

actuellement escompté par les trafiquants et qui constitue la garantie de leurs opérations illicites.

M. le Président. — Personne ne demandant plus
la parole et la question paraissant être bien élucidée, je
mets aux voix les vœux formulés dans les rapports présenté par MM. Lesbros et Blanchemain.

M. Lesbros (Marseille). — La première proposition
consiste à demander l'autorisation d'élever le quantum
des prêts jusqu'aux 9/10 de l'estimation.

M. le Président. — Sur les matières d'or et d'argent ?

M. Lesbros (Marseille). — Sur tous les nantissements.
La loi autoriserait les Monts-de-Piété à prêter jusqu'aux
9/10 sans pour cela les y obliger ; libre ensuite aux
Administrations d'adopter le chiffre de 8/10 pour telles
et telles matières ou celui de 9/10 pour telles ou telles
autres.

M. Picard (Paris). — C'est une question qui est très
délicate ; dans certains Monts-de-Piété, vous avez des
Commissaires-Priseurs ; dans d'autres, les apprécia-
tions sont faites par des Agents de l'Administration.
Par qui serait prise la responsabilité du déficit en cas de
perte à la vente ?

M. Lesbros (Marseille). — Par l'Administration du
Mont-de-Piété, en ce qui concerne le surprêt des 7/30,

tout en restant libre de ne prêter que dans les limites qu'elle jugerait utile : c'est une faculté, ce n'est pas une obligation que nous demandons.

M. Blanchemain (Paris). — Sans doute, mais je vois dans ces aléas à faire courir aux Monts-de-Piété un sérieux danger. Au Mont-de-Piété de Paris nous n'avons pas un centime à nous ; vous déclarez que les différences seront supportées par l'établissement prêteur : à l'aide de quels fonds ?...

M. Couve (Marseille). — C'est un détail, puisque c'est d'une faculté qu'il s'agit.

M. Lesbros (Marseille). — Il y a une différence entre le taux de nos emprunts et le taux de nos prêts : elle serait très certainement suffisante pour garantir les aléas que l'on peut courir, d'autant plus qu'il est bien certain que plus nous prêterons, plus nous aurons de bénéfices.

M. le Président. — Nous allons mettre aux voix la proposition qui vient de nous être faite.

M. Vidal-Naquet (Marseille). — Il est bon de la rappeler : il s'agit d'accorder la faculté aux Monts-de-Piété de prêter jusqu'aux 9/10 de l'évaluation, au lieu de 2/3, la fraction supplémentaire restant sous la responsabilité de l'établissement prêteur.

M. le Président. — Je mets aux voix la proposition suivante :

« *Le Congrès des Monts-de-Piété de France émet le*
« *vœu que les Monts-de-Piété soient autorisés à porter le*
« *quantum de leurs prêts jusqu'aux 9/10e de l'estimation*
« *sous réserve des conditions suivantes, conformes à l'avis*
« *du Conseil d'Etat :*

« *A. Dans les établissements où la prisée est faite*
« *par les Commissaires-priseurs, ceux-ci n'étant respon-*
« *sables que des 20/30e de leurs estimations augmentés*
« *des intérêts et droits sur ces 20/30e, les 7/30e supplé-*
« *mentaires complétant le prêt, restant à la charge de*
« *l'établissement prêteur.*

« *B. Le droit de prisée perçu des engagistes sur la*
« *totalité du prêt étant réglé aux Commissaires-priseurs*
« *proportionnellement au montant du prêt dont ils sont*
« *responsables, la différence constituant une recette au*
« *profit des Monts-de-Piété.* »

Cette proposition est adoptée à l'unanimité.

M. le Président. — Nous passons à la modification de l'article 411.

M. Vidal-Naquet (Marseille). — Je tiens à faire une remarque : vous avez parlé de la vente des reconnaissances ; s'agit-il de la vente ou du trafic ?

M. Blanchemain (Paris). — Il s'agit de ceux qui achètent *habituellement* des reconnaissances.

M. Vidal-Naquet (Marseille). — Mais le prêt n'est pas prévu.

M. Lesbros (Marseille). — L'article 411 prévoit le prêt sur gages.

M. Vidal-Naquet (Marseille). — Les tribunaux ne jugeront peut-être pas dans cet esprit.

M. Blanc (Marseille). — Les tribunaux ont assimilé l'achat habituel de reconnaissances au prêt sur gages.

M. Blanchemain (Paris). La question est très simple : chaque individu conserve le droit de vendre sa reconnaissance si celui qui l'achète fait une opération isolée ; c'est l'achat habituel de reconnaissances qui constitue le trafic et c'est ce genre d'opération qu'il faut empêcher.

Voulez-vous me permettre de relire cet article ?

« Ceux qui auront établi ou tenu des maisons de prêt
« sur gages ou nantissements sans autorisation légale, ou
« qui, ayant eu l'autorisation, n'auront pas tenu un regis-
« tre conforme aux règlements, contenant de suite, sans
« aucun blanc ni interligne, les sommes ou les objets
« prêtés, les nom, domicile et profession des emprun-
« teurs, la nature, la qualité, la valeur des objets mis en
« nantissement, seront punis d'un emprisonnement de
« 15 jours au moins, de 3 mois au plus et d'une amende
« de cent à deux mille francs. »

Cet article ne vise donc que le prêt sur gages ; mais dans les jugements rendus on a assimilé l'achat habituel de reconnaissances à un prêt sur gages. Cela est indéniable, nous avons des jugements en quantité à cet égard : il n'y a pas de prêt sur reconnaissances, il n'y a que des ventes à réméré. Voilà pourquoi nous disons qu'il y a lieu de modifier l'article 411 en l'étendant à ceux qui achètent habituellement des reconnaissances.

M. le Président. — Nous mettons aux voix la proposition suivante de M. Blanchemain :

« *Le Congrès des Monts-de-Piété de France émet le vœu* « *que l'article 411 du Code Pénal soit modifié en vue de* « *son application* aux acheteurs habituels de recon- « naissances *de Mont-de-Piété, conformément à l'avis du* « *Conseil d'Etat.* »

Cette proposition est adoptée à l'unanimité.

M. Lesbros (Marseille). — Reste la question des bonis. Nous proposons que les bonis résultant des ventes soient payés en mains des déposants-propriétaires-emprunteurs, porteurs des reconnaissances.

M. Cohendy (Lyon). — Je crois qu'il faut ce complément à l'article 411 appliqué aux acheteurs habituels, mais il y a un danger qu'il faut prévoir ; c'est la possibilité de tourner la loi.

M. Lesbros (Marseille). — J'ai prévu le cas en indiquant que les déposants connus comme agissant habituellement en qualité d'intermédiaires seraient exclus du droit au boni.

M. Ricard (Avignon). — J'ai une observation à faire à ce sujet. On a parlé d'un délai de quinze mois.

M. Lesbros (Marseille). — Oui, parce qu'une loi nouvelle ne doit pas avoir d'effet rétroactif et que nous devons tenir compte des opérations en cours.

M. Ricard (Avignon). — Je demande alors à faire une modification à cette rédaction. Nous prêtons, en effet, à Avignon pour deux ans ; cette réduction ne nous serait donc pas applicable et il faudrait fixer un délai de 27 mois.

M. Lesbros (Marseille). — Mettons, si vous voulez, dans un délai à déterminer par chaque administration, en raison de l'échéance de ses prêts.

M. le Président. — Je mets aux voix les conclusions suivantes du rapport de M. Lesbros, avec la modification qui vient d'être indiquée :

« Le Congrès des Monts-de Piété de France émet le vœu
« que les bonis résultant des ventes soient payés en mains
« des « déposants-propriétaires-emprunteurs » porteurs
« des reconnaissances ; les déposants connus comme agis-
« sant habituellement en qualité d'intermédiaires étant
« exclus du droit au boni. Cette législation serait appli-
« cable dans un délai à déterminer par chaque Adminis-
« tration, en raison de l'échéance de ses prêts. »

Ces conclusions sont adoptées à l'unanimité.

M. Blanc (Marseille). — On a tenu en suspens, comme se rattachant au trafic des reconnaissances, la question des correspondants.

M. Lesbros (Marseille). — Ce matin, il m'a semblé que certains Monts-de-Piété ont été d'avis de maintenir l'institution des commissionnaires titulaires ; au contraire, certaines administrations ont paru condamner cette institution ; à Marseille même, les membres du Conseil d'Administration ne sont pas tous du même avis : les uns en sont partisans et les autres en souhaitent la suppression.

M. Blanc (Marseille). — Notre collègue de Dunkerque vise-t-il les commissionnaires officiels ou les commissionnaires libres ?

M. Debaecke (Dunkerque). — Ce sont évidemment les commissionnaires marrons.

M. Blanc (Marseille). — Mais alors, ils sont frappés par ce que nous venons de décider.

M. Lesbros (Marseille). — Il m'a semblé que les commissionnaires libres répondaient à un certain besoin et que leur commerce était licite. Quant au droit supplémentaire qu'ils peuvent faire payer à l'emprunteur, c'est au public à savoir s'il lui convient de le payer.

M. Vidal-Naquet (Marseille). — Eh bien, c'est un tort.

M. le Président. — Il ne faut pas oublier que les commissionnaires sont ouverts tous les jours, jour et nuit au besoin, à n'importe quelle heure.

M. Cohendy (Lyon). — Il me semble que l'accord n'existe pas entièrement sur cette question, soit entre les membres du Congrès, soit même entre les membres du Conseil d'Administration de Marseille. Comme ce n'est pas une question absolument urgente, comme c'est même une question beaucoup moins importante que celles que nous venons de résoudre, on pourrait peut-être, étant donné que nous avons d'autres questions à examiner, notamment celle des rapports des Monts-de-Piété avec les Hospices, renvoyer celle-ci à un prochain Congrès.

M. le Président. — Nous mettons aux voix le renvoi à un prochain Congrès.

Adopté à l'unanimité.

M. le Président. — Nous passons à la question de la *Séparation des Monts-de-Piété et des Hospices.*

La parole est à M. Blanc, administrateur du Mont-de-Piété de Marseille.

M. Blanc. —

Messieurs et chers Collègues,

La communauté d'intérêts existant entre quelques anciens Monts-de-Piété et les Hospices ou les Bureaux de Bienfaisance, préoccupe justement tous ceux qui ont à cœur le développement de notre institution et sa contribution toujours plus généreuse au soulagement de la misère.

La loi du 24 juin 1851, tout en posant le principe de la séparation, a restreint le bénéfice des mesures qu'elle a édictées aux Monts-de-Piété à créer ou à ceux « fondés comme établissements distincts de tous autres ».

Depuis cette époque, de vives controverses n'ont cessé de se produire au sein des Administrations intéressées. Ces discussions ont abouti à l'autonomie de divers Monts-de-Piété et notamment de ceux de Besançon, Brest, Calais, Limoges et Rouen. Par contre, l'association demeure, revêtant des formes diverses, entre les établissements d'assistance ou de bienfaisance et les Monts-de-Piété de Paris, Aix, Arles, Boulogne-sur-Mer, Dijon, Lyon, Marseille, Nancy, Saint-Germain-en-Laye, et Saint-Quentin.

Le Mont-de-Piété de Paris, qui verse aux Hospices civils ses produits après prélèvement des sommes nécessaires à son fonctionnement, s'est trouvé en conflit avec l'Assistance Publique, pendant la période de 1878 à 1885, au sujet du règlement de comptes à opérer. Le Conseil Municipal, choisi comme arbitre, a, dans ses séances des 13, 16, 18 et 30 novembre 1885, décidé que les charges du Mont-de-Piété devaient comprendre les acquisitions, constructions et restaurations d'immeubles. Ce conflit, qui a donné naissance à un échange de notes très intéressantes entre M. André Cochut, directeur du Mont-de-Piété et MM. Moring et Peyron, directeurs de l'Assistance Publique, est actuellement apaisé, mais peut renaître à tout instant, étant donnée la multiplicité d'édits anciens et de traditions administratives qui régissent le Mont-de-Piété de Paris.

La situation du Mont-de-Piété de Marseille et des Hospices ne laisse pas que d'être aussi confuse. La loi de 1851, qui stipule que la dotation des établissements de prêt sur gages comprend les meubles et immeubles, est-elle applicable au Mont-de-Piété de Marseille, comme l'ont soutenu, en 1886 et en 1890, MM. Lhomme et de Briche, inspecteurs des Finances, et dans ce cas, le capital mobilier et immobilier de notre établissement dépassant un million, la totalité des bénéfices, aux termes de nos actes constitutifs du 10 mars 1807 et du 23 janvier 1835, doit-elle être appliquée aux Hospices ? Au contraire, demeurons-nous régis par l'ordonnance de 1835 qui ne vise qu'un capital-argent et les Hospices ne pourront-ils revendiquer que la moitié des produits, part qui leur est actuellement attribuée, tant que ce capital n'aura pas atteint un million ?

Tel est le désaccord survenu en 1886 entre le Mont-de-Piété de Marseille et les Hospices, désaccord qui est demeuré sans solution et que nos administrations, désireuses de maintenir de bons rapports, ont su cantonner sur un terrain purement juridique, en ne l'affirmant jamais que dans une forme des plus courtoises.

L'exemple des Monts-de-Piété de Paris et de Marseille démontre jusqu'à l'évidence que la loi de 1851, en suspendant par son article 9 l'effet du titre Ier, loin de réaliser l'unité administrative réclamée en autorisant tous les Monts-de-Piété à capitaliser leurs produits, a laissé les anciens établissements se perdre dans le dédale de règlements spéciaux dont le sens obscurci se prête à toutes les controverses.

Aussi notre Commission a-t-elle estimé qu'elle devait soumettre aux délibérations du Congrès, en vue d'une solution applicable à tous nos établissements, la question de la séparation des Monts-de-Piété, des Hospices ou des Bureaux de bienfaisance.

Chargé de vous présenter un rapport sur cette question, j'essaierai, Messieurs et chers collègues, de démontrer aussi brièvement que possible, pour ne pas abuser de votre bienveillante attention, que la communauté d'intérêts qui unit encore, à raison de leur origine, quelques anciens Monts-de-Piété aux Hospices ou aux Bureaux de bienfaisance et leur impose l'obligation de verser leurs bénéfices à ces établissements, est manifestement illogique, en l'état du but même de notre institution et des dispositions législatives qui la réglementent, et que, préjudiciable aux Monts-de-Piété, cette communauté lèse aussi les intérêts des établissements d'assistance auxquels ces bénéfices sont appliqués.

En décidant que les maisons de prêt sur nantissement ne pourraient être créées qu'au profit des pauvres et avec l'autorisation du Gouvernement, le législateur du 16 pluviôse an XII a voulu mettre un terme à l'exploitation du prêt sur gage pratiquée par les usuriers. Pour éviter que les établissements autorisés ne pressurent à leur tour l'emprunteur, il a pris soin de préciser que le produit qui serait réalisé par ces maisons devait uniquement profiter aux pauvres. N'est-il pas de toute justice de prétendre que ceux qui doivent les premiers bénéficier de ces produits sont ceux-là mêmes qui ont permis de les réaliser, c'est-à-dire les engagistes ?

Pourquoi en a-t-il été autrement ? Il faut, pour expliquer cette anomalie, rappeler les conditions dans lesquelles les premiers Monts-de-Piété ont été organisés. Par suite de l'obligation imposée aux créateurs des maisons de prêt sur gage, de ne retirer aucun bénéfice personnel, les établissements d'assistance, et partant les Hospices étaient les mieux qualifiés pour favoriser l'organisation des Monts-de-Piété, soit en les adjoignant à leur œuvre, soit en facilitant leurs opérations par des prêts importants ou en garantissant leurs emprunts. La création des premiers établissements ayant été due, le plus souvent, à l'initiative des Hospices, le législateur a été ainsi amené à confier à ces derniers le soin de les administrer. Il fut en cela bien inspiré. Les Hospices, appelés à contrôler les opérations des Monts-de-Piété, n'hésitèrent pas à consentir les avances nécessaires au fonctionnement de notre institution. Le versement des produits stipulé dans les actes constitutifs de la plupart des Monts-de-Piété anciens fut alloué en compensation des sacrifices nombreux ainsi consentis à l'origine par les administrations hospitalières.

Il semble que cette communauté d'intérêts, admissible à l'époque où elle était contractée, cesse d'être justifiée le jour où nos établissements, ayant acquis le développement espéré, ont réalisé une dotation. Dès ce moment la préoccupation des Monts-de-Piété doit être d'augmenter ce capital de façon à pourvoir avec leurs propres fonds aux avances qu'exige leur fontionnement. La capitalisation des bénéfices, en contribuant à cette augmentation, permettrait de ramener uniformément à 5 % le taux de l'intérêt et l'engagiste cesserait ainsi de supporter le surcroît de charges résultant des emprunts. Par contre, le sort de l'engagiste qui s'adresse à un Mont-de-Piété auquel la loi de 1851 n'est pas applicable ne sera jamais amélioré, dans la mesure où la prospérité de cet établissement permettrait de le faire. L'augmentation de la dotation par la capitalisation des produits est donc conforme au but de notre œuvre qui est de venir en aide dans la plus large mesure au pauvre que nous secourons.

La communauté d'intérêts entre les anciens Monts-de-Piété et les Hospices, avec attribution à ces derniers des bénéfices, n'est pas seulement contraire au but de notre institution, elle est encore en contradiction avec les dispositions législatives de l'an XII et de l'an XIII, les travaux préparatoires de la loi de 1851 et les mesures essentielles édictées par cette même loi.

Le règlement joint au décret du 8 thermidor an XIII dit, dans son article XLII : « Les opérations du Mont-de-Piété consisteront dans le prêt sur nantissement avec les fonds appartenant aux Hospices ou au moyen de l'emprunt des sommes nécessaires pour y subvenir *en cas d'insuffisance du capital* de l'établissement. »

Pour remédier à cette insuffisance de capital, M. de Gasparin, ministre de l'Intérieur, émettait, en 1837, un avis favorable à la capitalisation des bénéfices du Mont-de-Piété pour former une dotation et permettre à ces établissements d'abaisser le taux de l'intérêt. Dès cette époque, plusieurs Monts-de-Piété avaient été autorisés à capitaliser leurs bénéfices. A la lumière de l'argumentation très complète présentée par MM. Arthur Beugnot, de Decker, Arnould, administrateur du Mont-de-Piété de Liège ; Blaize, directeur du Mont-de-Piété de Paris, un courant d'opinion s'était formé favorable à cette thèse.

M. de Mortemart, rapporteur de la question au Con-

seil supérieur des Etablissements de Bienfaisance,
s'étant prononcé dans le même sens, le projet de loi,
arrêté par le Conseil d'Etat en 1850, contenait dans ses
articles 11 et 12 les dispositions suivantes :

ARTICLE 11. — Les Monts-de-Piété qui ont été établis par les
Hospices au profit des pauvres continueront d'être régis par
les conditions de leurs actes constitutifs. *Néanmoins la séparation des intérêts respectifs pourra être prononcée par
décret du Gouvernement, délibéré en Conseil d'Etat sur la
demande, soit des Administrateurs des Hospices, soit de ceux
des Monts-de-Piété et dans ce cas les dispositions du titre
premier deviendront applicables.*

ARTICLE 12. — *Le même arrêté qui prononcera la séparation statuera définitivement sur les conséquences qu'elle
doit avoir, notamment sur la restitution due aux Hospices, à
raison des bâtiments ou des fonds affectés par eux à l'exploitation des Monts-de-Piété.*

L'Assemblée législative vota sans débat, les 9 mars
et 13 avril 1851, les articles 11 et 12 du projet et la question allait être ainsi solutionnée quand la Commission,
dont M. de Mortemart était le rapporteur, n'ayant pu
faire adopter l'article visant les commissionnaires, prit
la résolution de refondre tout le projet et de présenter
un nouveau rapport.

Sans fournir les motifs de cette suppression, la Commission fit disparaître dans le second projet, les articles
11 et 12 et ainsi les Monts-de-Piété anciens créés avec le
concours des Hospices ou de tous autres établissements,
étaient privés du bénéfice d'une loi qui était faite en vue
de généraliser la capitalisation des produits et qui, après
avoir fixé à 5 0/0 le taux des prêts des Monts-de-Piété,
refusait à nos principaux établissements le moyen d'ap-

pliquer ce taux, c'est-à-dire la possibilité d'accroître leur dotation avec les excédents de recette.

La loi de 1851, en ne modifiant pas la situation des Monts-de-Piété créés avec le concours des Hospices ou des Bureaux de Bienfaisance,a laissé entière la question principale qu'elle devait trancher. Elle a même, sur ce point particulier, compliqué la situation de certains établissements.

En usant d'une rédaction aussi vague : « Les dispositions du titre 1er seront immédiatement applicables à ceux des Monts-de-Piété existants qui ont été fondés comme établissements distincts de tous autres », a-t-elle entendu priver du droit de capitaliser leurs bénéfices, les Monts-de-Piété qui, recevant des subventions des communes, ne sont pas absolument distincts et indépendants ? Le Conseil d'Etat et les jurisconsultes argumentent encore sur la portée exacte de l'article 9.

En l'état de la législation actuelle, les anciens Monts-de-Piété, à l'exception toutefois de celui de Lyon, auquel les Hospices consentent des prêts importants à un intérêt modique, subissent, du fait de leur rattachement aux établissements d'assistance,un préjudice certain.

Privés, ainsi que nous venons de le voir, du droit de capitaliser leurs bénéfices en vue de la réduction de l'intérêt payé par l'engagiste, ils ne peuvent compter sur les dons et legs pour augmenter leur dotation. Les donateurs hésitent en effet à favoriser une œuvre qui ne doit pas avoir tout le profit de leurs largesses. L'indépendance de nos établissements peut seule provoquer la générosité des bienfaiteurs des œuvres d'assistance. Et ce précieux élément de ressources suffirait, à lui seul, à justifier la séparation d'intérêts.

Je ne puis passer sous silence l'argument formulé contre l'autonomie financière de notre institution.

Il est certain que si les Monts-de-Piété créés avec le concours d'autres établissements ont pu former un capital d'exploitation et acquérir une prospérité toujours croissante, c'est en grande partie grâce à l'hypothèque donnée par les Hospices pour garantir les emprunts réalisés. La communauté d'intérêts une fois liquidée, la suppression de cette garantie n'éloignera-t-elle pas les prêteurs et le taux de l'intérêt servi à ces derniers ne devra-t-il pas être augmenté ?

Cette conséquence aurait pu être redoutée au début du fonctionnement de ces Monts-de-Piété, par suite de l'insuffisance de leur crédit et de la réussite aléatoire de leurs opérations. Il n'en est pas de même aujourd'hui. Les résultats réalisés depuis de nombreuses années et la valeur des gages comparée au montant des prêts sont de nature à inspirer pleine confiance aux capitalistes.

Il ne s'agit au surplus que d'une période transitoire, la séparation d'intérêts devant aboutir à la constitution d'un capital suffisant pour éviter de faire appel aux prêteurs.

Au cours des dernières années, les Monts-de-Piété, dont le rôle devient chaque jour plus important, ont été pour la plupart dans l'obligation d'affecter la plus grande partie de leurs excédents de recettes à des améliorations diverses que le développement des services rendait depuis longtemps nécessaires et qui ont procuré de nouvelles facilités aux engagistes. Les bénéfices versés aux Hospices ont subi en conséquence une diminution sé-

rieuse. Les administrations hospitalières qui ne peuvent
se rendre compte elles-mêmes de l'utilité ou de l'inuti-
lité des dépenses faites par les Monts-de-Piété ne cons-
tatent que leurs conséquences financières. Lésées par
cette diminution de revenus, elles sont naturellement
portées à trouver exagérées ces nouvelles dépenses. Et
certaines communes, dans la crainte d'être tenues de
compenser la diminution des ressources des Hospices
par un complément de subvention, vont jusqu'à se demander si ces charges ne constituent pas un moyen dé-
tourné pour restreindre les bénéfices auxquels les Hospices ont droit.

Nos administrations ne sauraient être exposées à une
telle suspicion et vous estimerez, Messieurs, que le souci
de leur dignité doit leur inspirer le vif désir de mettre fin
à une communauté d'intérêts qui les expose à des appré-
ciations aussi inconsidérées.

Cette communauté est-elle profitable aux Hospices et
aux Bureaux de bienfaisance ? La réponse me semble
devoir être négative pour le plus grand nombre de ces
établissements.

Les établissements hospitaliers ou de bienfaisance ne
disposent le plus souvent que de ressources insuffisantes
pour secourir tous les malades et tous les pauvres qui
s'adressent à eux. Ils ont donc le plus grand avantage à
assurer à leurs capitaux un revenu fixe et certain, seul
susceptible de déterminer l'étendue de leur assistance.

Or, les bénéfices des Monts-de-Piété constituent une
recette des plus variables et des plus problématiques
qui est loin de rémunérer les capitaux mis à la disposition de nos établissements. Si nous prenons la situation

des hospices de Marseille vis à vis du Mont-de-Piété, nous voyons que le capital immobilisé par l'administration hospitalière au profit de cet établissement s'élève à la somme de 729.332 fr. 46, soit 282.621 francs pour le payement de rentes perpétuelles dues par l'ancien Mont-de-Piété et 446.711 fr. 46 pour solder le montant des acquisitions immobilières, de la construction et de l'aménagement mobilier du nouveau local. La part des produits versés aux hospices pendant les dix dernières années représente au total la somme de 56.035 fr. 49, soit en moyenne 5.603 fr. 55 par an. Il est incontestable que l'administration hospitalière est en droit de juger par trop minime le revenu que lui procure un capital de cette importance.

Pour donner une idée de la différence des versements annuels au cours de cette même période, il me suffira d'indiquer qu'ils ont atteint le chiffre de 11.943 fr. 27 en 1905, 112 fr. 76 en 1902 et 0 en 1901.

Cette variation doit être plus continue encore pour les Hospices reliés à des Monts-de-Piété moins favorisés dont les opérations subissent le contre-coup de crises diverses et répétées.

Il n'est pas admissible, d'autre part, que les ressources hospitalières se trouvent diminuées par suite d'actes accomplis ou d'évènements survenus dans une autre administration. En 1901, les Hospices de Marseille n'ont bénéficié d'aucun versement parce que la perte d'un procès engagé contre la Compagnie des Commissaires-priseurs et les manœuvres frauduleuses d'un employé de l'administration avaient créé au Mont-de-Piété, pour l'exercice 1900, un déficit de 20.126 francs.

Les Hospices ont donc tout intérêt à être remboursés, des capitaux qu'ils ont mis à la disposition des Monts-de-Piété. Ces sommes augmenteront d'autant leur dotation, et le revenu déterminé qu'elles produiront mettra fin au trouble que l'inégalité des bénéfices jette dans certains budgets hospitaliers.

Les considérations que je viens d'avoir l'honneur de vous exposer, Messieurs et chers collègues, me semblent assez convaincantes pour décider le Congrès à émettre un vœu en faveur de la séparation des Monts-de-Piété des Hospices ou des Bureaux de bienfaisance, séparation que le législateur de 1851 avait eu d'abord la pensée de rendre générale et qu'il a refusé d'appliquer aux établissements qui devaient être les premiers à en bénéficier.

Dans quelles conditions cette séparation pourra-t-elle être réalisée ?

Il serait puéril de la voir résulter de la commune volonté des parties contractantes.

Il est vrai que depuis la loi de 1851, quelques Monts-de-Piété se sont séparés des Hospices après avoir réalisé un accord sur le mode de remboursement des sommes avancées par ces établissements.

Quelle a été la nature des accords intervenus ? Ils ont été de deux sortes : ou la Commune a pris à sa charge la dette du Mont-de-Piété, ainsi que cela a été fait à Brest, ou les Hospices ont appliqué leurs excédents au remboursement de la dette qui, productive d'intérêts, est éteinte par acomptes proportionnés à la situation de l'établissement et fixés par arrêté du préfet, solution réalisée à Rouen ; ou en deux versements, solution réalisée à Limoges.

Une motion invitant les Monts-de-Piété rattachés aux Hospices ou aux Bureaux de bienfaisance à poursuivre leur séparation, aurait bien pour effet de provoquer des pourparlers entre ces établissements; mais elle ne saurait aboutir à la réalisation d'une mesure générale. Pour obtenir ce résultat, une loi rendant la séparation obligatoire et prescrivant qu'elle devra être effectuée dans un délai déterminé, est absolument nécessaire. Toute discussion sur le principe même de la séparation étant ainsi évitée, l'entente se fera plus aisément sur le mode de remboursement qui aura lieu, soit immédiatement, avec le concours des Communes ou au moyen de l'émission d'obligations, soit par acomptes annuels fixes ou proportionnels. L'acte de liquidation devra être revêtu de l'approbation préfectorale.

Il conviendra d'accorder un délai aux Commissions intéressées pour leur permettre de prendre toutes dispositions préalables à un réglement portant sur des sommes aussi élevées. La loi, prévoyant l'hypothèse où l'accord n'interviendrait pas dans ce délai, devra confier à l'autorité supérieure le soin d'effectuer la séparation des intérêts.

Tel est, à mon avis, Messieurs et chers collègues, le seul moyen pratique de mettre fin à la situation équivoque et anormale de certains de nos établissements. Consultées sur cette question, les Administrations que vous représentez dans ce Congrès ou celles qui n'ont pu y prendre part, se sont prononcées au nombre de 29, soit à l'unanimité des avis recueillis moins un, en faveur de la séparation.

Elles ont estimé avec nous que les Monts-de-Piété aussi bien que les Hospices ou les Bureaux de bienfaisance n'étaient pas des établissements de produit et que le champ d'action de chaque œuvre d'assistance était trop vaste pour ne pas exiger l'emploi de toutes les ressources dont elle dispose et concentrer toute l'activité de ceux qui ont reçu le mandat de l'administrer. Il ne faut pas qu'une partie de notre attention s'égare dans les querelles inséparables d'une communauté d'intérêts. C'est en brisant ce lien financier que les administrations sœurs feront leur union plus étroite et, dans un ensemble harmonieux et la plénitude de leurs moyens divers mais concordants, rendront plus efficace encore l'action réparatrice, en soulageant toutes les misères.

C'est pourquoi j'ai l'honneur de soumettre à votre approbation la résolution suivante :

« Le Congrès émet le vœu qu'une loi rende obligatoire
« la séparation d'intérêts entre les Monts-de-Piété et les
« Etablissements hospitaliers ou de bienfaisance et pres-
« crive que, dans un délai déterminé, ces administrations
« devront soumettre les conditions de l'accord à l'appro-
« bation préfectorale et qu'à défaut, l'autorité supérieure
« effectuera elle-même cette liquidation. » (*Longs applaudissements.*

M. le Président.— Personne ne demande la parole ?

M. Ricard (Avignon). — Je ne la demande que pour appuyer les arguments donnés.

M. Picard (Paris). — Il en est de même de Paris.

M. le Président. — Nous mettons aux voix la résolution suivante présentée par M. Blanc :

« *Le Congrès des Monts-de-Piété de France émet le*
« *vœu qu'une loi rende obligatoire la séparation d'intérêts*
« *entre les Monts-de-Piété et les établissements hospita-*
« *liers ou de bienfaisance et prescrive que, dans un délai*
« *déterminé, ces administrations devront soumettre les*
« *conditions de l'accord à l'approbation préfectorale et*
« *qu'à défaut, l'autorité supérieure effectuera elle-même*
« *cette liquidation.* »

Ce vœu est adopté à l'unanimité.

M. le Président. — L'ordre du jour appelle la question des *Opposition et retraits sous caution.*

La parole est à M. Vidal-Naquet, secrétaire du Mont-de-Piété de Marseille.

M. Vidal-Naquet. — Messieurs, j'ai à vous entretenir d'une qu'on dont les Monts-de-Piété, et surtout celui de Marseille, ont fréquemment à s'occuper et à résoudre, celle du retrait du gage dont la reconnaissance a été égarée ou volée.

Le décret statutaire du 10 mars 1807 énumère les règles à suivre dans le cas de perte de la reconnaissance.

« L'emprunteur, dit-il, qui perd sa reconnaissance
« doit aussitôt en faire la déclaration au Directeur qui
« en ordonne la mention sur le registre d'engagement.
« Si la reconnaissance n'est pas retrouvée, l'effet engagé

« ne peut être retiré qu'après l'année expirée, en four-
« nissant suffisante caution, et s'il s'agit d'une somme
« au-dessus de 100 francs, l'acte de cautionnement doit
« être fait devant le notaire de l'Administration ; dans
« le cas où le nantissement aurait été vendu, le boni ne
« peut être retiré qu'en remplissant les mêmes forma-
« lités. »

Le règlement ministériel du 30 juin 1865 statue à son
tour sur les formalités à remplir en cas de perte de la
reconnaissance. L'article 70 de ce règlement s'exprime
ainsi : « L'emprunteur qui a perdu sa reconnaissance ne
« peut dégager le nantissement qu'elle concerne avant
« l'échéance du terme fixé par l'engagement. Lorsqu'il
« est admis soit à retirer le nantissement, soit à rece-
« voir le boni résultant de la vente qui en aurait été
« faite, il est tenu d'en donner une décharge spéciale,
« avec caution d'une personne reconnue solvable. »

Vous remarquerez, Messieurs, que dans aucun de ces
textes il n'est fait mention des formes dans lesquelles
doit être établie la solvabilité de la caution ; or, de la
combinaison de ces règlements il résulte que les Administrateurs des Monts-de-Piété ont la faculté et le droit
de déterminer de quelle façon doit être établie cette solvabilité.

J'ignore si les Monts-de-Piété représentés à ce Congrès
ont usé de cette faculté et de ce droit, mais je dois vous
signaler ce qu'a fait celui de Marseille pour sauvegarder
ses intérêts et ceux de l'emprunteur qui a égaré ou à qui
on a volé la reconnaissance. Il se conforme aux règlements de 1807 et de 1865. Mais il a délibéré et il applique constamment les règles suivantes :

1° Pour un gage dont l'estimation ne dépasse pas 100 francs, l'emprunteur doit présenter comme caution une personne patentée et domiciliée à Marseille ;

2° Pour un gage dont l'estimation est supérieure à 100 francs, la caution doit être propriétaire d'un immeuble situé à Marseille et l'acte de cautionnement doit être passé devant le notaire de l'établissement ;

3° Pour un gage dont le prêt égale ou excède mille francs, la caution doit non seulement être propriétaire d'un immeuble, mais en outre doit consentir hypothèque au profit de l'Administration. Cette hypothèque prendra fin au moment où le boni est prescrit au profit du Mont-de-Piété, c'est-à-dire trois ans après l'époque de la vente du gage.

Il est bien entendu que dans les deux derniers cas qui précèdent, l'Administration se réserve le droit d'apprécier non seulement la personnalité de la caution présentée, mais encore et surtout la valeur de l'immeuble et sa situation hypothécaire.

Cette obligation de donner caution imposée à l'emprunteur est la conséquence de ce principe de droit qui découle de la nature de l'opération d'emprunt ; c'est-à-dire l'application de cet adage, inscrit au Code civil (art. 2279) : « en fait de meuble possession vaut titre ». Or, lorsque la reconnaissance est au porteur (et c'est la règle en matière de prêt pour le Mont-de-Piété), elle ne constitue pas un bien meuble distinct du gage : elle n'en est que la représentation. Il en résulte que le porteur de la reconnaissance doit être considéré, sauf preuve contraire, comme le véritable propriétaire du gage.

Donc le tiers porteur de la reconnaissance a le droit

de revendiquer le gage jusqu'au moment fixé pour la prescription du boni.

C'est afin d'atténuer les conséquences de cette revendi-cation du tiers porteur vis-à-vis du Mont-de-Piété, que la loi impose à l'emprunteur l'obligation de fournir caution, et à cette caution celle d'être responsable jusqu'au terme fixé pour la prescription.

Il peut arriver cependant que l'emprunteur originaire, dépossédé de sa reconnaissance, ne puisse pas fournir une caution dans les conditions et les termes prévus par les règlements. La loi est formelle, mais il me sem-ble que, dans ce cas, son application est bien rigoureuse pour l'emprunteur. Ne faudrait-il pas solliciter du Gou-vernement un adoucissement à cette rigueur et de lui demander d'ajouter au décret de 1865 une disposition permettant à l'emprunteur qui ne pourrait présenter une caution d'opérer trois fois successivement le renou-vellement pendant trois années après l'expiration de celle qui suit l'engagement originaire ?

Et dans le cas où il ne pourrait user de cette faveur, et si la vente avait eu lieu, d'autoriser ce même emprun-teur à encaisser le boni, trois ans, jour pour jour, après la vente, c'est-à-dire avant la date de la prescription et ce, sans aucune formalité autre que la décharge ?

C'est un vœu que je vous propose de voter, si, comme moi, vous jugez qu'il est opportun, et de recommander à l'attention du Gouvernement.

Permettez-moi, avant de terminer ce rapport, de vous signaler un fait qui doit vous avoir fréquemment frappés. Il nous arrive souvent que des tiers pratiquent en mains de l'Administration une opposition à la délivrance du gage — cette opposition, quoique faite par ministère d'huissier, ne mentionne pas, la plupart du temps, le titre ou la permission de justice qui l'autorise. — C'est là un danger pour l'Administration et pour l'emprunteur originaire. Ce mode de procéder est d'ailleurs contraire à la loi en matière d'opposition ou de saisie-arrêt. Cette procédure ne peut être faite qu'en vertu d'un titre, d'une décision de justice ou d'une permission du juge, qui doivent être énoncées dans l'acte d'opposition ou de saisie-arrêt

Si l'huissier ne se conforme pas à ces prescriptions, écrites dans le Code de procédure, j'estime que l'Administration peut se refuser à recevoir l'opposition en indiquant la cause de ce refus.

Quant à l'attribution du gage au profit d'un tiers, elle ne peut être établie, vis-à-vis de l'Administration, que par un titre régulier ou par une décision de justice devenue définitive à l'encontre de l'emprunteur ou du propriétaire du gage.

En résumé, Messieurs, je vous propose d'émettre les vœux suivants :

1° Invitation à tous les Monts-de-Piété de France et d'Algérie d'appliquer en matière de caution les règles délibérées par le Mont-de-Piété de Marseille, et que je vous ai énumérées ci-dessus ;

2° Que le Gouvernement ajoute au règlement du 30 juin 1865 un paragraphe permettant à l'engagiste qui ne peut fournir caution :

a) De renouveler le prêt pendant trois années après l'expiration de celle qui suit l'engagement ;

b) Et dans le cas où il ne pourrait user de cette faveur et que la vente aurait eu lieu, d'exiger de l'Administration du Mont-de-Piété la remise entre ses mains, sans aucune formalité et sur sa simple décharge, du boni trois ans après, jour par jour, après la vente, c'est-à-dire avant la date de la prescription de ce boni ,

3° Que les Administrations en mains de qui des tiers pratiquent des oppositions ou saisies-arrêts, exigent que ces oppositions contiennent, conformément à la loi, soit la copie, soit l'énonciation des actes, titres, décisions de justice ou permission de juge, en vertu desquels ils sont faits, et qu'à défaut les monts-de-Piété refusent de les recevoir, en motivant la cause de ce refus ;

4° Enfin que les Administrations ne se dessaisissent du gage au profit d'un tiers qu'en exécution d'une décision de justice devenue définitive vis-à-vis du propriétaire du gage ou sur le vu d'un acte régulier intervenu entre le propriétaire et ce tiers.

M. Blanchemain (Paris). — Je demande la parole pour dire un mot sur le premier point en question.

Le Mont-de-Piété de Marseille a jugé bon de distinguer trois cas :

1er cas : Prêts inférieurs à 100 francs ;
2me cas : Prêts de 100 francs à 1.000 francs ;
3me cas : Prêts de 1.000 francs et au-dessus.

Le règlement du Mont-de-Piété de Paris ne distingue que deux cas.

M. Lesbros (Marseille). — A Marseille, cela ne résulte pas d'un règlement, mais bien d'une délibération du Conseil d'administration.

M. Blanchemain (Paris). — Mais le règlement qui nous régit tous, celui du 8 thermidor an XIII, dans ses articles 68 et 69, prévoit, d'une part pour les prêts de 100 francs et au-dessous une simple caution et pour les prêts au-dessus de 100 francs, une décharge par devant notaire.

Je ne vois pas qu'il nous soit possible de prévoir un troisième cas.

M. Lesbros (Marseille). — La proposition de M. le Rapporteur vise la nature de la caution.

M. Blanchemain (Paris). — D'accord, mais si un de vos emprunteurs se refusait à donner une caution hypo-thécaire, que diriez-vous ?... que la caution n'est pas solvable ?... Il y a tel ou tel individu que vous ne pourriez pas récuser, cependant. Supposez que M. de Rothschild vienne vous dire : « Je sers de caution à M. Untel », lui direz-vous : « J'exige de vous une caution hypothécaire ? »

M. Vidal-Naquet (Marseille).— Puisque nous l'avons décidé ainsi, nous exigerions une hypothèque.

M. Blanchemain (Paris). — Je ne crois pas que nos Conseils de Surveillance aient le droit de fixer cela.

M. Lesbros (Marseille). — Je ne crois pas que la pensée du Rapporteur ait été de vous présenter les déli-bérations du Mont-de-Piété de Marseille comme un modèle du genre. Son idée serait évidemment que les Monts-de-Piété s'entendissent pour que les formalités fussent identiques à peu près partout.

M. Blanchemain (Paris). — Nous sommes d'accord. J'entends bien que vous désirez l'uniformité, et j'y con-sens, mais sous la réserve que les dispositions adoptées d'une façon générale ne soient pas contraires aux règlements du Mont-de-Piété de Paris, par exemple.

M. Vidal-Naquet (Marseille). — Il ne peut pas y avoir contradiction.

M. Blanchemain (Paris). — Vous avez délibéré qu'au-dessus de 1.000 francs, vous exigeriez une hypothèque. Un monsieur, cependant, vous justifierait de sa solvabilité d'une manière incontestable : vous ne pourriez pas maintenir cette exigence !

M. Vidal-Naquet (Marseille). — Eh bien, nous accepterions sa caution sans hypothèque.

M. Couve (Marseille). — Il n'y a pas de règle sans exception.

M. Picard (Paris). — Je crois que la question ne peut pas être tranchée pour tous les Monts-de-Piété. Il existe dans certains endroits des Conseils de Surveillance, dans d'autres des Conseils d'Administration.

M. Vidal-Naquet (Marseille). — C'est une simple invitation que nous vous adressons.

M. Ricard (Avignon). — Dans ces conditions, on pourrait renvoyer la question à l'examen de chaque Conseil d'Administration, c'est une question de procédure.

M. Vinclaire (Bordeaux). — Quand le rapport aura été étudié par chaque Conseil d'Administration, on pourra voir. Tout dépend des milieux dans lesquels on évolue.

M. Blanchemain (Paris). — C'est-à-dire qu'à Paris, dans de pareilles conditions, nous ne trouverions jamais de caution. Nous avons chaque année 7 à 8.000 oppositions, rien que pour l'Administration centrale, sur lesquelles il y en a bien 7 ou 800 dont la décharge doit être donnée par devant notaire. Sur ce nombre il y en a dont les prêts sont de 2, 3, 4 et même 10.000 fr.: nous n'arriverions jamais à solutionner une affaire...

M. le Président. — Voulez-vous voter le renvoi au prochain Congrès ?...

M. Ricard (Avignon). — Je ne demande pas le renvoi au prochain Congrès, je demande le renvoi à l'examen des Conseils d'Administration des divers autres Monts-de-Piété.

M. Blanchemain (Paris). — Oui, je désirerais aussi que le rapport soit communiqué aux divers Conseils d'Administration.

M Vidal-Naquet (Marseille). — Mais ce n'est pas autre chose que ce que je demande moi-même.

M. le Président. — Nous mettons la proposition aux voix. Pas d'opposition ?...
Adoptée à l'unanimité.

M. Ricard (Avignon). — Je me permets d'appeler l'attention du Congrès sur la question des gages saisis. Il se trouve très souvent que les parquets saisissent des gages pour servir de pièces à conviction. En droit, ils devraient les rendre ; en fait, ils n'ont pas une notion exacte de la personnalité du propriétaire, ils confondent le Mont-de-Piété d'Avignon, par exemple, avec un Commissionnaire de Montpellier et ils restituent les gages au petit bonheur. Si nous nous plaignons, ils nous disent : « Au demeurant, vous n'êtes pas intéressés du tout : j'ai restitué le gage à celui qui avait été volé. » C'est ainsi que nous avons dû intenter des procès pour sauvegarder nos droits.

Je crois qu'il y aurait lieu d'émettre un vœu pour que les instructions données autrefois par le Ministre de la Justice à ce sujet soient renouvelées. La circulaire en question adressée aux Procureurs généraux date de 1861 ; il serait excellent qu'on rafraîchisse la mémoire des Parquets et des Juges.

Tout récemment encore, une Cour d'assises a décidé la restitution à des tiers de gages qui nous appartenaient : si le Congrès voulait bien émettre un vœu à ce sujet, cela pourrait nous être fort utile.

M. Blanchemain (Paris). — J'aurais un mot d'explication à vous fournir sur ce que nous faisons à Paris. Tout d'abord, je vous poserai une question : Lorsqu'une saisie est effectuée dans une de vos Administrations, quelle est votre manière de procéder ? Constituez-vous des scellés ?

M. Blanc (Marseille). — Nous ne constituons rien du tout par la raison bien simple que les parquets viennent nous prendre les objets sans crier gare.

12

M. Blanchemain (Paris). — A Paris, il est d'usage de joindre au gage saisi une fiche sur laquelle on inscrit le nom de l'affaire et celui du Juge d'instruction avec la désignation exacte du gage. Cette fiche porte au dos la circulaire de M. Delangle, de telle sorte que les parquets sont obligés de s'en souvenir. Nous avons à faire à tous les parquets de France et grâce à la précision de ces fiches, nous avons une sécurité à peu près complète.

M. Blanc (Marseille). — Nous avons rappelé aussi la circulaire de M. Delangle, mais comme, malgré cela, nous sommes souvent lésés, je me rallie à la proposition qui vient de nous être faite, à savoir de faire rappeler par le Garde des Sceaux aux divers Parquets les prescriptions que contient la dite circulaire.

M. le Président. — Je mets aux voix la proposition ainsi formulée :

« *Le Congrès des Monts-de-Piété de France émet le vœu* « *que M. le Ministre de la Justice veuille bien renouveler* « *aux Parquets les instructions contenues dans la circu-* « *laire envoyée par M. Delangle en 1861, relativement* « *aux saisies de gages dans les Monts-de-Piété.* »

Adoptée à l'unanimité.

La séance est levée.

Cinquième Séance

à la Mairie

le 27 Novembre 1907 (Soir)

Président : M. VINCLAIRE, directeur du Mont-de-Piété de Bordeaux ;

Vice-Présidents : M. DESPIERRE, administrateur du Mont-de-Piété de Lyon ;

M. Charles BLANC, administrateur du Mont-de-Piété de Marseille ;

Secrétaire : M. BURTET, contrôleur du Mont-de-Piété de Nice.

M. le Président. — Messieurs, la séance est ouverte. La parole est à M. Barthelet, Président du Conseil d'Administration du Mont-de-Piété de Marseille, pour traiter de la question *du Personnel.*

M. Barthelet. —

Mes chers Collègues,

Lorsque, il y a 28 ans passés, je fus appelé à l'honneur de faire partie du Conseil d'Administration du Mont-de-Piété de Marseille, c'était à la suite d'une modification qui transformait absolument l'esprit directeur de notre établissement.

Mes collègues et moi, nous fûmes immédiatement

entrepris par des amis en faveur de presque tous les
membres du personnel ; car tous, jusqu'à ce moment,
avaient été victimes de leur dévouement à la République et même les chefs de service, arrivés les plus jeunes
aux plus hauts échelons de la hiérarchie, avaient à se
plaindre de passe-droits scandaleux.

Tous réclamaient de passer avant les autres, tous
demandaient des augmentations de traitement, tous
prétendaient avoir droit à de rondes gratifications.

Pour se faire entendre, chacun trouvait un avocat ;
l'un était bâtard de mon apothicaire, l'autre chargeait le
citoyen Cordon de dire son affaire.

Je fus effrayé de cette avalanche de réclamations et je
cherchai à éviter de commettre des injustices sous
prétexte d'avoir à en réparer.

Je pensai que la première chose à faire était de poser
des règles fixes pour le recrutement, le classement,
l'avancement et les traitements du personnel, règles
applicables, sans modifications, uniformément à tous.

J'essayai plusieurs formules ; pendant longtemps,
aucune ne répondit complètement à mes désirs.

Enfin, je mis un projet sur pied et j'en exposai les
bases à mes collègues du Conseil d'Administration, à la
séance du 5 août 1882. Ceux-ci les acceptèrent et après
certains remaniements, nécessités surtout par l'établissement d'un régime de transition, un règlement fut voté
dans les séances des 10 et 17 février 1883.

Depuis, par de nombreuses délibérations, nous avons
souvent retouché et, je crois, amélioré ce règlement.

Je dois même, tout prochainement, proposer de nouvelles modifications à mes collègues.

Mais, tel qu'il est, il satisfait pour le moment complètement à nos désirs, aussi complètement du moins que peut le faire une chose aussi complexe qu'un règlement applicable à un personnel comprenant, comme celui d'un Mont-de-Piété, des employés d'ordres très différents.

Il nous satisfait d'autant plus qu'il nous a paru prévenir jusqu'ici certains problèmes difficiles à résoudre et qui se sont posés ailleurs, avec une certaine acuité.

En effet, bien des choses se sont passées depuis 25 ans et des questions nouvelles se sont présentées.

Nous disions, en effet, dans notre délibération que notre règlement avait pour but de nous affranchir des sollicitations des intéressés et d'enlever à nos décisions tout soupçon de partialité, même involontaire.

Or, dans toutes les administrations publiques, il n'en a pas été de même et le recrutement, le classement, l'avancement, la fixation du traitement du personnel ont été trop souvent dictés par les sollicitations des intéressés et entachés de partialité parfaitement volontaire.

Tant que l'esprit d'autorité a été suffisamment puissant, les lésés ont souffert et leur plaintes ont été à peine murmurées à l'oreille de leurs proches.

Les temps ont marché. Si la dépendance des élus vis-à-vis des électeurs, dans le scrutin uninominal, se continuant par la dépendance des ministres vis-à-vis des parlementaires, assurait le succès du favoritisme — grâce à une liberté d'association à peu près illimitée en fait, défendue par une liberté à peu près absolue de la presse,

— il se constituait d'autre part de puissants syndicats et des unions de syndicats plus puissantes encore, permettant aux victimes des injustices de se solidariser et de prendre conscience de la force de leurs groupements fortement constitués.

La puissance ainsi conquise par l'union des employés de l'industrie servit d'exemple aux employés des administrations publiques.

A l'imitation des Syndicats ouvriers, il se créa des Syndicats de fonctionnaires, comme si l'Etat et les administrations publiques pouvaient être comparés, dans leurs rapports avec leurs employés, aux employeurs de l'industrie privée. Alors que, dans l'industrie privée, l'employeur a le droit d'offrir les conditions qu'il veut à son employé, comme l'employé a le droit d'offrir les conditions qu'il veut à son employeur — sauf pour l'un et pour l'autre à voir ses offres refusées par l'autre partie — il n'en va pas de même pour les administrations dans lesquelles les employés hiérarchisés, bénéficiaires d'une caisse de retraites alimentée le plus souvent en majorité par leurs cotisations, ne peuvent guère être remplacés en cas de difficultés.

Néanmoins, dans certains Monts-de-Piété, des employés ont participé à un mouvement de ce genre.

Ils l'ont fait parce qu'ils ont souffert, ou cru avoir souffert, du favoritisme et de l'injustice.

On leur conteste le droit d'agir ainsi : ils répondent, non sans raison, qu'on les force à se défendre.

Mieux vaut ne pas les ̸y forcer et, en leur assurant l'impartialité, leur enlever tout prétexte à l'organisation de ces groupements contraires au bon fonctionnement de l'ordre social.

Aussi, je crois que la question de l'établissement d'un réglement relatif au recrutement, au classement, à l'avancement, à l'attribution des traitements de notre personnel est de première importance.

Je vais vous dire comment nous l'avons résolue, et en même temps, me servant d'une enquête que j'ai faite auprès des divers Monts-de-Piété, j'indiquerai les améliorations qui m'ont été suggérées. Mais en présence de la divergence des solutions données, je n'entrerai pas, cette année, dans de trop grands détails ; je me contenterai de poser les principes qui doivent inspirer ce règle-ment et de montrer comment ces principes peuvent être appliqués pratiquement. Je le ferai spécialement pour les Monts-de-Piété de province : celui de Paris est d'une importance telle que nous ne pouvons nous rendre compte ni de ses besoins ni de toutes les conditions de son fonctionnement. Il est d'ailleurs basé sur le système de la Commission de surveillance, tandis que nous som-mes sous celui du Conseil d'administration.

Mais les principes que je vais examiner ici sont appli-cables à tous les autres Monts-de-Piété et il sera facile, comme je l'exposerai, d'en modifier les détails de façon à les rendre acceptables même pour les plus petits.

La première question que nous nous sommes posée est celle du recrutement.

Nous avons cru que, d'une manière générale, il fallait

recourir au concours, concours dont les matières seraient choisies d'après les emplois à desservir.

Seul, le concours permet d'arriver à celui qui n'a d'autre appui que son mérite. — Nous avions réservé au choix les emplois de plieuses : nous avons dû, eux aussi, les mettre au concours pour nous soustraire à la pénible obligation de faire un choix arbitraire entre diverses candidates également méritantes, également recommandées — en en délaissant probablement d'autres, sinon plus, tout au moins aussi méritantes, mais moins recommandées.

Nous serons forcés d'en faire autant pour les préposés des magasins, sauf à prendre certaines précautions pour empêcher que le concours introduise des employés indignes dans une administration qui, comme la nôtre, vit essentiellement d'honnêteté.

Tout d'abord, il y a lieu de se demander si le concours doit être uniforme et si la hiérarchie doit être unique. Nous ne l'avons pas cru.

Il semble que le personnel doive se répartir en trois corps : 1° les employés de bureau ; 2° les préposés des magasins et les fourriers ; 3° les plieuses.

Nous avions fait tout d'abord quatre catégories, mais nous en avons réuni deux en une seule. Nous avions distingué les préposés des magasins et les fourriers, en raison de leurs fonctions. Mais nous avons trouvé que l'avancement était trop irrégulier quand il se limitait dans un personnel trop restreint. Les préposés des magasins et les fourriers apportent les uns et les autres des qualités analogues à l'exercice de leurs fonctions et tout en maintenant les séparations des fonctions, nous avons pensé que l'avancement devait se faire sur l'ensemble.

Ceci admis, comment organiser le concours qui ouvre l'entrée de chacune des hiérarchies ? Comment y distribuer les places au point de vue des traitements ? Comment y assurer le passage d'une classe à une autre? C'est ce que je vais examiner pour chacune des sections du personnel.

Je commence par les employés de bureau.

Nous avons pensé que cette hiérarchie devait comprendre tout le personnel de bureau et nous l'avons hiérarchisé comme suit : (d'ailleurs tous les établissements ont une classification analogue plus ou moins étendue) :

1° Le Directeur ;

2° Les chefs de service : contrôleur, caissier, garde-magasin, chef de bureau de la Direction ;

On pourrait faire une deuxième classe qui pourrait comprendre : le chef du bureau des Titres, les chefs des bureaux auxiliaires ;

3° Les sous-chefs de service : sous-chef de bureau de la Direction, sous-caissier, sous-garde-magasin, sous-chef de bureau des renouvellements.

4° Enfin les employés répartis en 4 classes.

Je ne parle pas des appointements pour aujourd'hui : ce sont eux qui devront servir de points de comparaison entre les hiérarchies des divers Monts-de-Piété et permettre de retrouver les emplois équivalents.

Je l'ai dit, l'entrée dans la hiérarchie se ferait au concours après appel par la voie des journaux.

Pour éviter que cet appel échappe à l'attention des intéressés, ceux-ci pourraient laisser à la Direction une enveloppe timbrée à leur adresse pour qu'on puisse, en temps opportun, y insérer l'avis d'un concours et le leur adresser — et même, si l'enveloppe était convenablement timbrée, on pourrait l'adresser en le recommandant.

Nous laissons, chez nous, la liste d inscription ouverte quinze jours et, une fois clôturée, nul ne peut y être inscrit.

La clôture de la liste a lieu dix jours au moins avant la date du concours, afin de permettre aux candidats de se procurer les pièces qui pourraient manquer à leur dossier et à l'Administration de vérifier et de contrôler ce dossier.

On ne peut, en de telles conditions, reprocher de réserver nos emplois à une camarilla fermée.

Le dossier réclamé est le même pour toutes les trois hiérarchies du personnel, sauf en un seul point que j'indiquerai dans un instant.

Il se compose de sept pièces :

1º Un certificat de nationalité française ;

2º Un certificat établissant la situation du candidat vis-à-vis du service militaire ;

3º Un certificat du médecin de l'établissement ;

4º Un casier judiciaire ;

5º Un certificat de bonne vie et mœurs ;

6º Un certificat de vaccine daté de l'année en cours ;

7° Une notice indiquant l'emploi du temps et les divers emplois occupés par le candidat depuis l'âge de 13 ans.

Le certificat de position militaire n'est naturellement pas exigé des plieuses et comme il ne peut être présenté par des femmes, il s'ensuit que les hiérarchies des employés de bureau et des préposés des magasins et fourriers sont exclusivement composées d'hommes.

Pour la dernière de ces hiérarchies, celle des préposés des magasins et fourriers, qui demande de la force physique, l'admission des femmes n'est pas défendable.

Mais pour la première, celle des employés de bureau, qui pourrait recevoir des femmes, nous avons, après expérience, renoncé en principe à recruter des employés-femmes. Nous avions eu des dames employées, mais il y avait eu de leur part des plaintes au sujet de manques de respect, de propos trop libres et nous avons dû, pour faire cesser de trop fréquentes réclamations, supprimer les dernières dames employées et les verser dans le cadre des plieuses.

D'ailleurs, celles-ci forment de leur côté une hiérarchie exclusivement féminine.

Cependant, je dois dire que, dans le service des bureaux, certains remplacements, faciles ou urgents, sont faits par des plieuses plus lettrées et plus habiles. Il est à noter que la présence temporaire de ces intérimaires n'a pas eu les conséquences fâcheuses que nous avions constatées avec des titulaires.

A notre avis, le concours doit comporter avant tout des épreuves constatant uniquement que l'employé est apte à bien faire la besogne qui est dévolue à tous.

Quelle est cette besogne ? — Calculer exactement et rapidement (exactement, cela va de soi) le plus rapidement possible, pour expédier le plus rapidement possible le public qui n'a pas de temps à perdre. — Aussi sur 9 notes à attribuer aux candidats, 5 sont des notes de calcul :

Une pour des problèmes sur le système métrique et les fractions décimales ;

Une pour l'exactitude,

et une pour la rapidité à additionner plusieurs colonnes de nombres comportant 6 à 8 chiffres ;

Une pour l'exactitude,

et une pour la rapidité à effectuer plusieurs multiplications et plusieurs divisions à chiffres décimaux.

La note de rapidité demande quelques explications, car il faut éviter qu'un médiocre calculateur, trop malin, remette le premier une épreuve faite au jugé, en disant : l'exactitude me donnera une mauvaise note, mais j'aurai 20 pour la rapidité.

Pour déjouer cette petite ruse, voici comment nous procédons :

Nous cotons l'exactitude de 0 à 20, puis nous cotons la rapidité en centièmes de 0 à 100, en donnant 100/100 à la composition remise la première, 40/100 ou 50/100 à celle qui est remise la dernière et en classant entre 100 et 50 les autres compositions d'après l'heure de remise. Nous appliquons alors ces notes, exprimant des centièmes, à la note exactitude et nous avons la note rapidité.

Il serait, en effet, absurde de donner 20 de rapidité à celui qui remettrait immédiatement une copie très médiocre (dont la note d'exactitude serait par exemple 6), car après avoir mérité 6 comme calculateur, il mériterait 20 pour son audace à remettre le premier sa copie, ce qui lui ferait 26 pour les deux épreuves.

Avec le système que nous employons, si celui qui a ainsi remis sa copie le premier en méritant 100 de rapidité, a été coté 6 pour l'exactitude, on lui donnera pour la rapidité les 100/100 de 6, soit 6 encore, ce qui, avec les 6 d'exactitude fait 12 pour les deux épreuves.

Et si celui qui a le mieux calculé, qui a obtenu la note 19 d'exactitude n'a que 60/100 de rapidité, sa note de rapidité sera les 60/100 de 19 soit 11, ce qui fait 30 pour les 2 épreuves.

Excusez-moi d'avoir un peu appuyé sur cette note de rapidité que nous considérons comme extrêmement importante, mais, sans les précautions que nous avons prises, elle donnerait des résultats absurdes.

La 6e note s'applique à une composition écrite sur un sujet donné par les examinateurs.

Nous choisissons ces sujets très vastes afin de permettre au candidat de toujours dire quelque chose et de montrer comment il sait le dire.

Voici des exemples :

Quels sont les usages du bois ?.... du cuivre ?....— Des conséquences de l'invention de l'électricité ? des chemins de fer ? des tramways ? des téléphones ?.....— Que savez-vous de la Hollande ?.... de la Suisse ?... du Japon ?.,.. — Décrivez la pièce où vous êtes..... l'estrade sur laquelle se trouve celui qui vous dicte en ce moment, etc.

Ces sortes de compositions, capables de fixer sur l'intelligence, les connaissances générales, l'habileté à expos r, la netteté de jugement du candidat, sont innombrables.

Pour éviter qu'on soupçonne des indiscrétions, nous mettons dans une boîte une centaine de questions et à chaque concours nous en faisons tirer 5 par les candidats, on les lit toutes les 5 à haute voix et c'est la cinquième qui sert de texte à la composition.

Les candidats sont ainsi rassurés sur la loyauté de l'épreuve.

La septième note est appliquée à l'écriture de cette composition.

Enfin, la huitième note est attribuée à une lecture expliquée oralement.

Nous prenons un texte inconnu, généralement dans le numéro du journal *le Temps* ou *les Débats*, qui arrive à l'instant et, sur 10 lignes lues à haute voix, nous posons, sans ordre et d'une façon déconcertante, toutes les questions qui peuvent se présenter à l'esprit relativement à la grammaire, à l'histoire, à la géographie, *de omni re scibili*, simples questions servant à faire des sondages et à préjuger de la culture et de l'intelligence du sujet.

La neuvième note est celle qui résulte de l'examen du dossier du candidat. Il serait oiseux de m'étendre sur les notes partielles que nous donnons d'après les divers éléments du dossier.

Voici donc le candidat devenu employé.

Pour le noter impartialement, pour éviter qu'un accès de mauvaise humeur au moment d'une promotion retarde injustement un sujet méritant ou qu'un optimisme passager le favorise aux dépens des autres, nous faisons établir en fin de chaque année, pour chaque employé, une feuille sur laquelle sont données des notes de 0 à 20, relatives à son instruction générale, son instruction professionnelle, son aptitude physique, la courtoisie de ses rapports avec le public, son assiduité et son exactitude.

Ces notes sont données d'abord par le Chef de service, par le Contrôleur, le Directeur et enfin par le Membre du Conseil délégué qui s'inspire des cotations des supérieurs de l'employé.

Lorsque le Conseil procède à un classement, il prend comme base la moyenne des notes des cinq dernières années, données par le membre du Conseil délégué.

Pour passer d'une classe à une autre, ces notes jouent avec un coefficient variable suivant l'emploi ; et, en outre, interviennent :

Des points supplémentaires suivant l'ancienneté du candidat dans le grade qui lui donne le droit d'entrer en ligne et dans le Mont-de-Piété ;

Des points supplémentaires pour les titres universitaires, pour la connaissance des langues étrangères ;

Des points supplémentaires obtenus en raison de la valeur de mémoires remis sur des questions posées par le Conseil.

Pour les emplois supérieurs, l'avancement se fait sur toute la classe immédiatement en dessous, car il faut confier ces emplois aux plus capables, tandis que, pour les emplois inférieurs, on ne fait entrer en concurrence que les deux ou les trois plus anciens de la classe en dessous, afin que chacun puisse entrer forcément en ligne et, grâce aux points d'ancienneté, arriver à avancer.

De cette façon, une sélection se crée et pousse aux emplois supérieurs ceux qui se sont d'eux-mêmes montrés supérieurs à leurs collègues.

C'est surtout dans la présentation de mémoires que se décèle la valeur des futurs chefs de service.

Nous avons décidé que nous pourrions demander à tout le personnel, autant que possible chaque année, un mémoire sur un sujet touchant à l'organisation et au fonctionnement des Monts-de-Piété en général et de celui de Marseille en particulier.

La présentation de ces mémoires est facultative.

Le Conseil accorde, s'il y a lieu, à l'auteur ou aux auteurs des meilleurs mémoires, une prime annuelle à ajouter aux appointements, prime qui peut s'élever jusqu'à 100 francs.

Ce qui est aussi important, c'est que la concession d'une prime emporte pour le bénéficiaire l'adjonction d'un point pour chaque prime dans le total des points totalisés pour le classement, lors d'une promotion.

Ces mémoires ont encore un avantage : ils donnent au personnel l'occasion de connaître les difficultés que comportent nos établissements, de se rendre compte de leur fonctionnement et ils font arriver au Conseil d'administration des vues originales — tout au moins qui devraient être originales — dictées par l'expérience, à ceux qui sont davantage en présence des détails. Ils peuvent permettre, suivant les cas, de faire exprimer des observations sur la situation du personnel et des propositions sur son organisation.

Il résulte de ces dispositions que les moins capables ne peuvent arriver rapidement, s'ils y arrivent, aux emplois supérieurs. Mais il faut, cependant, qu'ils vivent et, puisque l'ancienneté ne peut assurer à tous la promotion aux emplois supérieurs — et par conséquent aux appointements supérieurs, — nous avons pensé qu'elle devait néanmoins améliorer sûrement leur situation. Aussi avons-nous accordé à tout le personnel une prime d'ancienneté de 1 % par année révolue de service, sur le principal du traitement, c'est-à-dire qu'un employé qui a 1, 10, 20 ans de service, voit son traitement augmenter de 1, 10, 20 % et voit, dans ce dernier cas, son traitement de 2.400 francs passer à 2.880, puis à 2.904 l'année suivante.

Enfin, à titre temporaire, nous accordons à tout membre du personnel une indemnité calculée à raison de 100 francs par an et par tête d'enfant légitime âgé de moins de 15 ans révolus. Des raisons budgétaires ont empêché de compléter la mesure en accordant la même prime par tête d'ascendant légitime septuagénaire ou infirme des conjoints, vivant sous le même toit et à la même table.

Cette indemnité, décomptée à partir du moment de l'ouverture des droits, est versée lors des deux termes semestriels de paiement des loyers à Marseille, 1er avril et 1er octobre.

Les préposés des magasins ne sont pas encore recru-, tés au concours, tandis que les fourriers et les plieuses le sont, suivant un programme plus simple que celui des employés de bureau. Mais, pour tous, le classement se fait d'une façon analogue : seuls, changent les coefficients des notes et la valeur des points d'ancienneté. Il est évident que, pour ces dernières catégories, l'intelligence joue un rôle moins important et que l'on doit suivre bien davantage le rang d'ancienneté.

Mais tous ont les mêmes primes d'ancienneté, les mêmes secours familiaux, tous peuvent prendre part aux concours pour les mémoires dont je vous ai parlé.

Enfin, suivant certaines règles, et en passant les examens d'entrée exigés des employés de bureau, les préposés et fourriers peuvent, à toute époque, pénétrer dans cette hiérarchie où l'avenir est beaucoup plus grand. — Nous avons eu des chefs de service qui sont sortis du corps des fourriers.

Nous croyons avoir ainsi assuré notre personnel contre les passe-droits et lui avoir accordé le plus de faveurs compatibles avec notre situation financière.

Cependant, de la comparaison avec les règlements que vous avez bien voulu nous communiquer, il résulte que nous devrions améliorer les traitements de début : nous nous inspirerons de vos sentiments d'humanité.

Mais ce qui dans notre règlement nous a surtout passionnés, c'est le désir d'assurer aux plus capables les plus hauts degrés de la hiérarchie, et, en leur offrant cette situation comme récompense, d'exciter l'émulation et l'ardeur de tous nos employés.

C'était œuvre de justice que d'assurer l'honneur et le profit à ceux qui ont été à la peine. Nous avons eu à lutter contre des influences sans nombre. Nous avons enfin vaincu. Notre Directeur actuel est le second qui sort des rangs des chefs de service, il est le premier qui ait débuté comme surnuméraire : Je dois dire que ces deux Directeurs sont de beaucoup les meilleurs qu'ait eus notre Mont-de-Piété.

Nous sommes très fiers d'être arrivés à ce résultat, car nous considérons comme essentiel que chacun, dans notre établissement, sache bien que rien ne pourra entraver son avancement, s'il en est digne.

Cependant, le cas peut se présenter où pour un emploi donné on ne trouve pas un sujet capable dans tout l'établissement -- soit qu'il s'agisse d'emplois supérieurs — ou encore de choix à faire dans un établissement à personnel restreint.

Dans un Mont-de-Piété comme le nôtre, le cas ne peut guère se présenter que pour la Direction et la Caisse, justement les emplois qui ne sont pas à notre nomination directe et pour lesquels nous n'avons que le droit de présentation à l'autorité préfectorale.

Aussi risquons-nous de voir les candidats étrangers au personnel décrier les nôtres de façon à se faire présenter à leur place. Et, comme la chose est possible, elle se fait, et sur une grande échelle. Tous les malchanceux de la politique se ruent sur ces places et se les disputent au grand préjudice de la bonne marche de l'établissement. — C'est parmi les plus ardents défenseurs des droits syndicaux des fonctionnaires que nous avons rencontré les plus âpres concurrents au siège directorial.

Nous pouvons en porter témoignage, nous qui avons goûté des deux recrutements, et nous vous assurons qu'un directeur issu de l'Administration nous rend des services sans comparaison supérieurs à ceux que nous avons reçus de directeurs improvisés.

Aussi avons-nous décidé de choisir les candidats à la Direction et à la Caisse, que nous ne pourrions trouver dans notre personnel, parmi les employés supérieurs des établissements charitables de notre ville, tributaires de la même caisse de retraites, c'est-à-dire les Hospices et le Bureau de Bienfaisance.

Nous aimerions élargir ce cercle et pouvoir nous adresser à d'autres Monts-de-Piété, où nous trouverions un personnel déjà au courant des opérations spéciales à nos établissements.

Et nous allons plus loin, nous croyons que, d'une façon générale, nos administrations auraient bien souvent avantage à s'assurer de cette façon, de bon sujets, chez des voisins. D'un autre côté, par la généralisation de cette pratique, le personnel de nos établissements verrait s'ouvrir devant lui de plus grandes chances d'avancement régulier et, en tous cas, dans les petits Monts-de-Piété, les employés capables ne trouveraient pas leur avenir borné par la médiocrité de la situation assurée aux directeurs de leurs modestes établissements : ils pourraient espérer une carrière digne de leur valeur.

Que faudrait-il pour réaliser cette réforme ?

Deux choses : la première, que tous les Monts-de-Piété eussent des règlements conçus sinon identiquement dans les mêmes termes, tout au moins dans le même esprit et constituant des hiérarchies analogues, de manière à rendre comparables les situations d' établissement à un autre ; la seconde, que les retraites fussent organisées de façon à permettre aux employés de passer d'un établissement à un autre sans être lésés dans leurs droits.

Pour réaliser la première condition, il faudrait faire un règlement type fixant les appointements de chaque échelon, de telle façon que chaque établissement, en rédigeant son règlement particulier, pût rattacher chacun de ses employés à un de ces échelons.

Tel dirait que son Directeur-Caissier est assimilé à un chef de service, tel à un sous-chef de service de la hiérarchie type.

Il serait dès lors possible à un établissement gêné pour le choix d'un Directeur ou d'un chef de service de s'adresser, soit par une circulaire à tous les autres établissements, soit simplement à un établissement désigné à cet effet, pour se faire communiquer les dossiers des employés à même de donner satisfaction à ces besoins.

Quant à la question des retraites, elle serait aisément résolue, si nous tombions d'accord sur le premier point.

Me voici arrivé au bout de ce trop long exposé où j'ai parfois dû me perdre dans d'infimes détails quand j'ai voulu montrer la possibilité et l'équité de certaines solutions, tandis que j'eusse voulu, au contraire, maintenir mon exposé à une certaine hauteur.

J'espère être parvenu à indiquer comment on pouvait rassurer notre personnel, très généralement excellent, en lui assignant un traitement équitable, en le mettant à l'abri des caprices du favoritisme, en lui réservant les plus hautes situations dans nos établissements, en les assurant aux plus laborieux, aux plus intelligents, en ne barrant la route à personne, en découvrant à tous les plus encourageantes perspectives, même dans les plus petits établissements.

Pour certains d'entre vous, dont les administrations ont édicté des réglements excellents, j'ai paru enfoncer des portes ouvertes, mais si vous aviez comme moi dépouillé l'enquête que nous avons faite à ce sujet auprès des divers Monts-de-Piété, vous eussiez été touchés des plaintes émanant de certains établissements. Vous y auriez vu des employés recrutés au hasard de protections passagères, s'encastrant à tous les degrés de la hiérarchie, au détriment d'anciens serviteurs, menacés eux-mêmes, à leur tour, le lendemain, à la suite d'un changement de majorité dans le Conseil d'Administration, sans espérance pour l'avenir, sans retraites, et vous auriez compris avec quel ardent désir d'amener une amélioration à cette situation, de les rassurer sur l'avenir, je me suis chargé de poser la question devant vous.

M. le Président. — Messieurs, je vais mettre aux voix les conclusions du rapport de M. Barthelet.

M. Cohendy (Lyon). — Je demande la parole.

M. le Président. — Vous avez la parole.

M. Cohendy (Lyon). — Je suis absolument partisan de la manière de voir de M. Barthelet. Il est essentiel, en effet, de faire la place, et la place la plus large possible, aux employés des Monts de-Piété pour les emplois supérieurs et notamment pour ce qui concerne l'emploi de Directeur.

Cependant, je suis bien obligé de faire une réserve, et une réserve que me dicte l'expérience de mes vingt années de présence au Conseil d'administration du Mont-de Piété de Lyon.

Il peut se faire — et il est arrivé effectivement non pas une fois, mais deux fois au moins, trois fois même — que nous n'avons trouvé personne, parmi le personnel de l'établissement, qui pût être confiée la direction d'un Mont-de-Piété aussi important que celui de Lyon. Dans ces conditions, si on nous oblige à prendre un Directeur parmi les employés des Monts-de-Piété, il y aura à prendre une responsabilité que, pour ma part, je ne me résignerai pas à engager. Aussi, tout en étant partisan du point de vue auquel s'est placé M. le Président du Conseil d'administration du Mont-de-Piété de Marseille, je demanderais cependant qu'on y ajoutât un amendement, un tout petit amendement, ainsi conçu par exemple : « que les emplois supérieurs soient, autant que possible, autant que faire se pourra, réservés aux employés mêmes des établissements. » Avec cette modification, la proposition me paraîtrait acceptable ; mais elle ne le serait absolument pas sans cela, car, je n'hésite pas à vous le répéter, à Lyon, pendant une dizaine d'années, il nous a été impossible, absolument impossible, de choisir un directeur parmi les employés du Mont-de-Piété et je n'aurais jamais voulu, pour ma part, prendre la responsabilité de l'Administration dans ces conditions-là.

Je comprends très bien qu'il ne faut pas qu'on fasse

des choix exclusivement politiques, mais encore faut-il rencontrer les capacités requises.

En résumé, je demande qu'on ajoute ces mots : « autant que possible ». D'autre part, je demanderais qu'on ajoute encore : « parmi les fonctionnaires de l'Etat », car les fonctionnaires de l'Etat présentent, en définitive, toute garantie de compétence, de capacité et de moralité. C'est ainsi que — bien que je désire ne pas faire de personnalité — il me semble qu'en choisissant M. Martin, vice-président du Conseil de Préfecture, et qui, depuis quelques années déjà, est à la tête du Mont-de-Piété de Lyon, nous avons fait le meilleur choix qu'il nous était possible de faire.

En d'autres termes, tout en maintenant énergiquement le principe, je voudrais qu'on atténue cependant ce qu'il peut avoir d'excessif.

On dit bien : *dura lex, sed lex*; il faut cependant qu'une certaine latitude soit laissée au choix de l'Administration préfectorale, ainsi qu'au choix des Conseils d'administration des Monts-de-Piété.

M. Picard (Paris). — A Paris, on ne nomme pas directement : on propose trois noms. Mais je ne sais pas si, en dehors du Mont-de-Piété de Paris qui se trouve dans une situation exceptionnelle, exorbitante, du droit commun, je ne sais pas, dis-je, s'il y a en province un Mont-de-Piété où l'on puisse ainsi trouver trois candidats pouvant être proposés au choix de l'Administration préfectorale. C'est pourquoi, Messieurs, il me paraît donc absolument nécessaire d'apporter une atténuation au principe contenu dans le vœu de M. Barthelet.

M. Barthelet (Marseille). — J'avais prévu l'objection, puisque je disais : « Le cas peut se présenter où « pour un emploi donné on ne trouve pas un sujet capa- « ble dans tout l'établissement... » Et j'ajoutais : « Aussi, « avons-nous décidé de choisir les candidats à la Direc- « tion et à la Caisse que nous ne pourrions trouver « dans notre personnel, parmi les employés supérieurs « des établissements charitables de notre ville, tribu- « taires de la même caisse de retraites », et désirons-nous élargir ce cercle en nous adressant à d'autres Monts-de-Piété.

Les employés de l'Etat me semblent bien souvent un choix dangereux et qui détruirait toute l'économie du système, et voici pourquoi : les employés de l'Etat sont autour des Préfets et ce sont eux qui poseront leur candidature contre les employés des Monts-de-Piété et quand j'indiquais tout à l'heure qu'on trouverait toujours devant soi des candidatures officielles, c'est parce qu'il y a eu des précédents du genre.

Je demanderais donc d'établir dans tous les établissements des hiérarchies comparables pour permettre à chacun de demander aux autres Monts-de-Piété les sujets convenables pouvant lui faire défaut ; mais je demanderais que tous les postes fussent réservés au corps des employés du Mont-de-Piété et uniquement à ce personnel.

D'ailleurs n'est-il pas probable que l'on n'a pas trouvé de candidats capables parce que les sujets qui eussent pu être des candidats acceptables ne sont pas entrés dans une hiérarchie qui ne leur réservait pas le poste auquel leur valeur leur eût permis de prétendre ?

M. Cohendy (Lyon). — Le danger des influences politiques est incontestable ; cependant, Messieurs, comme l'Administration préfectorale ne peut procéder à des nominations que sur la proposition des Conseils d'administration des Monts-de-Piété, je crois qu'il n'y a pas lieu de lier pieds et mains à ces Conseils d'administration qui, eux, peuvent agir dans la plénitude de leur indépendance.

Un Congressiste. — Ces vœux n'ont rien d'obligatoire.

M. Cohendy. — Je persiste tout de même à demander au Congrès tel amendement qu'il jugera bon d'adopter pour laisser la porte ouverte aux fonctionnaires de l'ordre administratif, fonctionnaires qui présentent pour la Direction des Monts-de-Piété toutes les garanties nécessaires d'aptitude, de compétence et de moralité... Ce n'est pas autre chose, Messieurs, que nous pouvons demander à nos candidats.

M. Picard (Paris). — Vous allez trouver peut-être abusif que je prenne la parole encore une fois au sujet de cette question. Tout en partageant en grande partie les idées de M. le Président du Conseil d'Administration de Marseille, et en partie aussi celles de M. le Président du Conseil d'administration de Lyon, je crois dangereux d'émettre un vœu au sujet des emplois élevés et voici pourquoi :

La situation des Directeurs des Monts-de-Piété n'est certainement pas la même pour tous, en ce moment-ci

Je ne connais pas assez les Monts-de-Piété de province, je ne sais pas assez bien quelles ont été les conditions dans lesquelles leurs directeurs furent nommés pour pouvoir en parler. Mais ce que vous reprochiez à certains préfets de province s'est produit, à Paris, maintes fois ; nous avons vu des hommes politiques, des économistes distingués, des préfets, prendre la direction du Mont-de-Piété de Paris et nous sommes heureux de pouvoir vous rappeler ici que ces hommes, par leur compétence, ont pu rendre à cet établissement, par les connaissances qu'ils avaient, des services signalés.

Nous avons vu M. Cochut, rédacteur au *Temps*, prendre la direction du Mont-de-Piété de Paris, et, à la tête de c important établissement, obtenir des réformes importantes dans un espace très court. Il est vrai que nous avons vu aussi M. Duval — mais, c'est justement l'exception — qui, de simple expéditionnaire, est arrivé au poste de Directeur Général et a su apporter à son établissement des améliorations que vous connaissez tous. Vous avez d'ailleurs été en relations avec lui et avez recueilli de lui de précieux renseignements.

Actuellement, le Mont-de-Piété de Paris est dirigé par un ancien Préfet dont nous avons pu constater la compétence.

M. Martin-Feuillée a obtenu du Conseil Municipal et des pouvoirs publics des réformes absolument exceptionnelles pour le Mont-de-Piété de Paris et pour son personnel.

A mon avis, nous serions mal venus, dans de telles conditions, à adopter un vœu qui ne saurait être pris

en considération par le Gouvernement en général et par
le Ministre de l'Intérieur en particulier.

Messieurs, j'ai encore une objection à vous présenter.
Vous voulez émettre un vœu au sujet du personnel des
Monts-de-Piété, et solliciter une hiérarchie uniforme
pour tous ces établissements ! Je vais vous signaler un
danger auquel, sans doute, vous n'avez pas songé.
Vous savez que le Gouvernement veut avantager les
anciens militaires. Le Ministre de la Guerre a le désir
de placer les sous-officiers qui ont rendu des services
signalés et de leur assurer un emploi le jour où ils
obtiennent leur retraite, qui varie entre 1.000 et 1.100 fr.
Or, que s'est-il passé à Paris ?..... Nous avons 560 emplois au Mont-de-Piété ; nous avons lutté autant que
possible, nous avons adressé rapport sur rapport au
Ministre de la Guerre, nous nous sommes fait appuyer
par la Préfecture de la Seine, par le Conseil Municipal,
par le Conseil de Surveillance, pour éviter l'accès des
sous-officiers au Mont-de-Piété de Paris, nos efforts ont
été absolument nuls. On nous a imposé que toutes les
vacances, tant au service des écritures qu'au service de
la manutention, soient réservées à concurrence de moitié
ou de trois quarts aux anciens sous-officiers désignés
par une liste de classement.

Or, Messieurs, que se produit-il invariablement ?
Chaque fois qu'un emploi devient vacant, nous le réser-
vons, en tenant compte de la proportion ci-dessus, aux
sous-officiers : il en résulte que l'élément « civil » met 6 à
7 ans pour arriver à un traitement raisonnable, alors
que l'élément « militaire » obtient de suite des traite-

ments élevés. Il y a là une injustice flagrante : nous avons essayé assurément de réagir, mais c'est véritablement peine perdue.

Je crains, donc, que si vous émettiez un vœu, si vous vouliez demander et obtenir que tous les Monts-de-Piété s'unissent pour arriver à ce que les emplois vacants soient réservés aux anciens employés, à ce moment le Ministre de la Guerre et le Ministre de l'Intérieur - · qui n'y a peut-être pas songé encore — viennent vous dire : « Messieurs les membres des Conseils d'Administration, il faut que vous nous réserviez les emplois vacants dans les mêmes proportions qu'au Mont-de-Piété de Paris. »

Vous n'avez qu'à lire, Messieurs, pour être renseignés, la note insérée, il y a quelques jours, au *Journal Officiel*. On invitait les sous-officiers à poser leur candidature pour des emplois vacants pour lesquels on ne présentait pas de candidats.

Dans ces conditions, je crois qu'il serait bon de réserver la question, d'autant qu'il y a des différences entre les divers Monts-de-Piété. Vous, Mont-de-Piété de Marseille vous avez vos statuts particuliers ; vous, Mont-de-Piété d'Avignon, avez les vôtres ; le Mont-de-Piété de Rouen a les siens...... Dans ces conditions, Messieurs, comment ferez-vous ?

Oh ! ne croyez pas que j'aie l'intention de critiquer le principe en lui-même. Je vous montre simplement les dangers que nous pourrions rencontrer et le but que je poursuis en vous faisant part de ces considérations est d'attirer purement et simplement votre attention sur une question des plus délicates.

Pensez-vous, Messieurs, que si nous persévérions dans le désir de voir se modifier un état de choses, d'ailleurs assez difficile à changer, croyez-vous que nous n'indisposerions pas M. le Ministre de l'Intérieur ?.... Ne serait-il pas indisposé envers nous de voir des délégués de nos établissements présenter un vœu qui attente à ses prérogatives ?...

C'est pourquoi, Messieurs, j'insiste pour que vous vouliez bien réserver cette question, par prudence, dans l'intérêt de tous, dans l'intérêt de nos employés, dans l'intérêt de l'avenir des Monts-de-Piété de France !

Et puisque nous parlons du personnel, je vous demanderai encore de dire un mot pour vous demander de vouloir bien remercier M. le Directeur du Mont-de-Piété de Marseille et MM. les membres du Conseil d'administration du Mont-de-Piété de Marseille qui nous ont fait connaître le fonctionnement en détail de tous leurs services.

Je vous demande d'adresser à M. le Directeur du Mont-de-Piété de Marseille nos sincères félicitations pour l'organisation de ses services et pour le soin jaloux avec lequel sont conservés les gages dans ses magasins.

Nous pourrons lui prouver ainsi la grande satisfaction que nous avons ressentie en voyant la façon dont il s'acquittait de ses fonctions. *(Applaudissements)*.

M. Ricard (Avignon). — Je voudrais dire quelques mots d'ordre général sur les tendances des vœux que nous émettons en ce moment.

Je crois qu'il y aurait un grave danger dans ce premier Congrès des Monts-de-Piété et les Congrès qui suivront à viser à une centralisation excessive des Monts-de-Piété.

Chaque Mont-de-Piété a son organisation, ses statuts, auxquels il doit rigoureusement obéir, comme, par exemple, le Mont-de-Piété d'Avignon.

A mon sens, il serait dangereux de vouloir, par un excessif désir de centralisation, couler toutes les administrations dans le même moule.

Je trouve au contraire que la décentralisation est une excellente chose qui permet aux initiatives locales de produire souvent de très grands bienfaits. Il est bon que dans les travaux des Congrès nous nous unissions tous pour obtenir l'organisation générale meilleure que nous sommes en droit d'attendre de la législation actuelle ; mais il faut néanmoins que nous laissions aux administrations particulières le soin de rechercher dans quelle mesure il est possible d'améliorer tel ou tel service.

Evidemment Marseille est un modèle d'organisation, tout y est admirablement bien compris...

Il n'en est pas moins vrai que pour la Caisse de Retraite, par exemple, nous avons le bonheur à Avignon d'avoir obtenu de beaux résultats. Nous serions évidemment fâchés si une caisse de retraite unique nous obligeait à modifier telles ou telles dispositions favorables prises en faveur de nos employés.

M. Barthelet (Marseille). — J'ai pris bonne note des explications données. Je comprends qu'il est absolument embarrassant de vous demander un vote quelconque : ce serait trop dangereux. Le mieux est, je crois, de laisser la question à l'étude des divers Conseils. d'administration et de passer aujourd'hui à autre chose. J'eusse voulu vous communiquer notre Règlement : il est à la réimpression. Si vous le voulez bien je le joindrai sous forme d'annexe (1) à mon rapport.

M. le Président. — Puisque M. Barthelet accepte de ne pas poursuivre, aujourd'hui, plus avant la discussion, je vous demanderai de vous associer à moi pour remercier M. le Président du Conseil d'administration du Mont-de-Piété de Marseille pour son merveilleux rapport sur le personnel des Monts-de-Piété. *(Applaudissements).*

Un congressiste. — Je tiens à ajouter quelque chose aux observations qui vous ont été soumises. On vous a. présenté des remarques très justes sur la question, mais je demanderai cependant à ajouter quelque chose. On a parlé des services administratifs de bienfaisance parmi lesquels il peut y avoir des candidats à nos administrations ; il y a une catégorie de fonctionnaires qui n'a pas été signalée, c'est celle des employés des Trésoreries Générales ; je ne crois pas, Messieurs, que ce soient des ignorants en matière administrative et il serait bon de leur réserver une place !...

Je fais cette remarque pour attirer votre attention sur la nécessité qu'il y a de posséder des employés ayant des connaissances administratives très sérieuses ; mais j'ajouterai cependant qu'il est nécessaire qu'on les désigne seulement au choix de l'Administration.

---

(1) Voir plus loin, à la suite des procès-verbaux, p. 233.

M. Aldebert (Lille). — Non seulement il faut avoir en vue les fonctionnaires rétribués par l'Etat, mais encore ceux des services non rétribués par l'Etat, tels ceux des administrations charitables privées et les personnes reconnues comme ayant des connaissances administratives spéciales qui les désignent au choix de l'Administration.

M. Charles Blanc (Marseille). — La motion est renvoyée ; il n'y a donc plus lieu, aujourd'hui, de se préoccuper de tout ce qui y a trait.

M. le Président. — Nous passons à la question de *l'Emprunt.*

La parole est à M. Albert Couve.

M. Albert Couve (Marseille). —

Messieurs,

Il eût été plus naturel qu'un autre que moi fût chargé de venir, aujourd'hui, étudier avec vous l'importante question des emprunts, car, obéissant à la loi commune, l'existence même de nos établissements en dépend.

Le plus jeune parmi vous, ayant donc le moins d'expérience, il me sied mal de venir conseiller ceux qui, plus âgés, donnent depuis de longues années les preuves de leur dévouement à la grande œuvre humanitaire qu'est celle des Monts-de-Piété.

Parmi vous, en écoutant vos sages discusions, vos conseils prudents, j'ai tout à apprendre et à gagner, puisque vos avis et vos décisions sont le fruit même de votre expérience.

Mais du moment que j'ai assumé une tâche, je vais essayer de la remplir de mon mieux et j'espère que les idées nouvelles que j'émettrai au cours de mon rapport permettront, après étude, de venir davantage en aide aux malheureux dont l'intérêt propre préside aux discussions du présent Congrès.

Je commencerai par une étude, assez succincte et aussi nette que possible, des moyens financiers actuels des Monts-de-Piété de France ; j'émettrai ensuite quelques idées nouvelles, dont vous aurez, Messieurs, à apprécier la valeur et l'opportunité.

SITUATION FINANCIÈRE ACTUELLE DES MONTS-DE-PIÉTÉ DE FRANCE. — Les Monts-de-Piété de France, sauf quelques rares exceptions, n'ont actuellement, comme ressources financières, que celles qu'ils se procurent, par des emprunts publics, par des prêts consentis par les Caisses d'épargne, les Villes ou les Bureaux de bienfaisance, ou celles qui leur sont fournies par leur capital, souvent réduit, et par les cautionnements du personnel.

J'ai dit qu'il y avait des exceptions à cette règle : certains de nos établissements, en effet, ont le rare privilège de se suffire aujourd'hui à eux-mêmes. Tel est le cas des Monts-de-Piété d'Arras, de Besançon, de Boulogne-sur-Mer, de Douai, de Nancy, dont les ressources personnelles sont supérieures à leurs besoins. Nous nous en réjouissons sincèrement et je regrette que ces cas particuliers ne soient pas la règle commune, car si telle était notre situation je n'aurais pas, aujourd'hui, à rechercher, avec vous, à économiser sur les taux d'emprunts.

Mais, malheureusement, tel n'est pas le cas, et j'ai dû continuer à étudier les emprunts actuels. Ils sont faits à des taux si variables et dans des conditions si différentes qu'il est assez malaisé de les classifier.

J'ai pourtant essayé, dans le tableau ci-après, de vous donner une idée de ces diversités de modes et de prix.

	Établissements	Emprunt Total	CONDITIONS DU PUBLIC				Conditions des établissements créanciers	Établissements créanciers
			à vue ou 10 jours	3 mois	6 mois	un an et au delà		
1	Lyon.........	5.454.468	1 1/2 0/0	»	3 0/0	»	3.30 0/0	Caisse d'épargne
2	Marseille.....	3.221.500	1 1/2 0/0	2 0/0	2 1/2 0/0	3 0/0	»	» »
3	Nice..........	3.129.750	»	»	3 1/2 0/0	»	»	» »
4	Bordeaux	2.652.900	»	»	2 1/2 0/0	3 0/0	»	» »
5	Toulouse.....	2.116.536	»	»	3 0/0	»	3 0/0	Bureau de bienfaisance
6	Oran.........	2.035.597	»	3 1/4 0/0	3 1/2 0/0	3 80 0/0	»	» · »
7	Alger	1.869.700	»	2 1/2 0/0	3 0/0	»	»	» »
8	Rouen........	832.143	»	»	2 1/2 0/0	3 1/4 0/0	»	» »
9	Toulon	612.600	»	»	»	3 1/4 0/0	3 1/2 0/0	Caisse d'épargne
10	Dijon	417.400	»	»	»	3 0/0	5 0/0	Hôpitaux
11	Le Havre.....	603.640	»	»	3 1/4 0/0	»	3 1/2 0/0 5 0/0	Hospices
12	Versailles.....	233.287	2 0/0	»	2 1/2 0/0	»	»	»
13	Avignon	139.000	1,25 0/0	1 1/2 0/0	2 0/0	2 1/2 0/0	»	»
14	Saint-Quentin.	88.700	»	»	3 0/0	»	»	»
15	Nimes........	45.500	»	»	3 1/2 0/0	»	»	»
16	Limoges	31.000	»	»	3 1/2 0/0	»	3 1/4 0/0	Caisse d'épargne
17	Calais	19.000	»	»	4 0/0	»	1 1/2 0/0	Ville de Calais
18	Cambrai......	10.000	»	»	»	»	3 0/0	Hospices
19	St Germain...	5.000	»	»	3 0/0	»	»	»

D'après ce tableau, on peut conclure que les Monts-de-Piété de France empruntent à des conditions très favorables, particulièrement en ce moment, puisque, d'après mes calculs, le taux moyen général de tous les emprunts n'est pas supérieur à 3,22 %.

Dans ce calcul, je n'ai pas compris l'emprunt du Mont-de-Piété de Paris, cet établissement jouissant d'une situation particulière qui ne peut exister que dans la capitale.

En résumé, il n'y a rien à redire aux systèmes financiers actuellement employés ; s'ils diffèrent par la forme, ils n'en sont pas moins consentis à des conditions peu onéreuses et souvent même favorables.

Propositions nouvelles. — Après ce court examen de la situation financière présente, je vais vous exposer quelques idées nouvelles qui peut-être permettraient de développer nos opérations.

Toutefois, je n'ai à vous proposer que des différences de forme, car jusqu'à ce jour on n'a trouvé qu'un seul moyen de se procurer de l'argent : c'est de le demander à ceux qui en possèdent.

Malgré les hommes et les lois, ce moyen subsistera toujours ; seul le prêteur peut ou pourra changer.

Tout d'abord, j'estime qu'il serait nécessaire et utile de développer dans les Monts-de-Piété l'ouverture des comptes-courants, non seulement avec d'autres admi-nistrations mais encore avec le public.

Il serait bon, me semble-t-il, de généraliser ce système d'emprunt en fixant pour tous nos établissements, même pour ceux qui n'ont pas besoin d'argent, nous verrons pourquoi tout à l'heure, un taux uniforme pour les dépôts.

En acceptant pour première base le taux d'escompte de la Banque de France, on pourrait décider et annoncer au public que tous les Monts-dé-Piété français acceptent des dépôts aux prix et conditions suivantes :

A un jour de préavis : 1 1/2 0/0 au-dessous, maximum 2 1/2 0/0.

A huit jours de préavis : 1 0/0 au-dessous. Maximum 3 0/0.

A 30 jours de préavis : 1/2 0/0 au-dessous. Maximum 3 1/2 0/0.

Il semble qu'avec une règle aussi nette, le commerçant comme le capitaliste, certains de connaître toujours la rémunération offerte à leurs fonds déposés, ne pourraient qu'accepter et employer la facilité qui leur serait offerte.

On peut opposer à ce système une objection sérieuse, en faisant observer qu'en temps de crise financière, les Monts-de-Piété seraient obligés de rembourser presque tous leurs dépôts dans un laps de temps très court. Cela est très exact ; mais, outre qu'il ne faut pas toujours prévoir au pire, à moins de vouloir demeurer stationnaires et aveuglés par la routine, nous ne pouvons pourtant pas prétendre trouver à emprunter à meilleur compte, sans des aléas plus importants.

Malgré ce risque sérieux, je demeure convaincu qu'en acceptant des dépôts de fonds, ainsi qu'un établissement de crédit ou un banquier, les Monts-de-Piété de France pourraient développer leurs opérations et peut-être en réduire les conditions. Je préconiserai encore un autre

moyen d'emprunt, consistant dans la création de carnets d'épargne, à dépôt limité, trois mille francs, par
exemple, rapportant un intérêt fixe de 3 0/0 ou 2 3/4 0/0,
et dont les montants seraient disponibles à vue.

De tels dépôts ne seraient faits que par la petite épargne, qu'une crise financière générale touche peu et ce
moyen me semble d'autant plus séduisant qu'il serait la
mise en action d'un socialisme vrai : le pauvre venant
en aide à son frère plus pauvre que lui.

Il serait possible, Messieurs, de vous proposer encore
d'autres moyens pour nous procurer de l'argent, mais
j'ai été frappé, au cours de cette étude, par le défaut
d'entente qui existe entre nos établissements.

Partant d'un principe qui est d'une loi humaine, j'en
arrive à une conclusion naturelle qui serait, je le crois,
le remède offert à nos forces disjointes.

Sachant que plus on est grand et fortuné, plus on est
susceptible et capable de faire mieux et à meilleur
compte, je vous proposerai d'étudier la création d'une
Caisse centrale des Monts-de-Piété de France.

Il serait bien long de vous exposer aujourd'hui en
détail tous les rouages d'une organisation si nouvelle et
dont la mise en action demande de longues études pré-
liminaires ; mais je tiens à vous indiquer aussi brière-
ment que possible la façon dont je comprendrais le fonctionnement de cette institution.

Tout d'abord, chacun de nos établissements conserve-
rait son autonomie en ce qui concerne son administration
intérieure, mais deviendrait pour la partie financière
une sorte de succursale de la Caisse centrale.

Cette dernière ouvrirait sur ses livres un compte-courant à chacun de nos Monts-de-Piété, et dans lequel elle les débiterait de toutes les sommes dont ils disposeraient et provenant tant du capital et des cautionnements que des emprunts. Par contre, elle les créditerait du montant des prêts consentis par eux.

Lorsqu'un Mont-de-Piété aurait des disponibilités supérieures à ses besoins courants, il adresserait le montant de ses excédents à la Caisse centrale pour en être crédité à un taux d'intérêt fixé d'avance à 2 3/4 0/0, par exemple.

Par contre, lorsqu'un de nos établissements ne trouverait pas sur place des ressources suffisantes pour satisfaire à toutes les demandes de prêts, il emprunterait à la Caisse centrale les sommes qui lui seraient nécessaires et il en serait débité à un taux fixé aussi d'avance, à 3 0/0, par exemple.

Si l'on fait aujourd'hui l'addition des sommes dont disposent tous nos établissements, on constate qu'elles sont légèrement supérieures aux prêts consentis. En développant les emprunts suivant les méthodes que j'indiquais ci-dessus, nos ressources augmenteraient et la Caisse centrale disposerait de capitaux assez importants, ce qui permettrait d'étendre nos opérations pour le plus grand bien des malheureux.

Cette Caisse centrale ne devrait faire aucun bénéfice et la différence entre les intérêts payés et perçus servirait à rembourser ses frais généraux et à constituer une réserve.

Si, tout étant payé, il y avait un reliquat, il servirait à diminuer et à augmenter dans une égale proportion les intérêts payés ou encaissés par les Monts-de-Piété, suivant qu'ils seraient débiteurs ou créditeurs.

Voici, pour exemple, les comptes de deux établissements, l'un débiteur, l'autre créditeur :

1º Compte du Mont-de-Piété A *(Créditeur)*

DOIT		AVOIR	
Capital..... Fr.	500.000	Prêts.......Fr.	400.000
Emprunts......	400.000	Versement.....	500.000
		Int. 2 3/4 sur 500.000..	13.750

2º Compte du Mont-de-Piété B *(Débiteur)*

DOIT		AVOIR	
Capital..... Fr.	100.000	Prêts.......Fr.	900.000
Emprunts......	300.000		
Sa demande....	500.000		
Int. 3 0/0 sur 500.000.	15.000		

La Caisse Centrale ferait, d'après cet exemple, un bénéfice de francs 1.250, et les deux établissements auraient, l'un, placé ses fonds disponibles à un taux certainement supérieur à celui qu'il aurait payé à ses déposants, et l'autre aurait trouvé l'argent qui lui faisait défaut pour venir en aide à sa clientèle pauvre et si digne d'être secourue.

Vous pouvez voir de suite, Messieurs, quel bien serait pour les Monts-de-Piété de France la création d'une Caisse de ce genre qui serait une centralisation de nos ressources financières et qui par suite engendrerait une augmentation de puissance.

Or, c'est en étant forts que nous arriverons à réduire les taux de nos prêts ; étant persuadé, en ce qui me concerne, que c'est en acceptant des dépôts en comptes-courants, en créant des carnets d'épargne et en centralisant nos ressources, que nous trouverons cette force qui nous est indispensable pour continuer et agrandir notre œuvre commune, je vous propose, Messieurs, d'examiner, et d'émettre s'il y a lieu, les vœux ci-après :

1° Considérant qu'il y aurait une notable économie à développer l'ouverture des comptes-courants ; considérant que ce mode d'emprunt a donné d'excellents résultats dans les établissements où il est déjà employé ; le premier Congrès des Monts-de-Piété de France émet le vœu que tous les établissements reçoivent des dépôts en compte-courant aux conditions suivantes : à 1 jour de préavis: 1 1/2 0/0 au-dessous du taux d'Escompte de la Banque de France, maximum 2 1/2 0/0 ; à 8 jours de préavis : 1 0/0 au-dessous du susdit taux, maximum 3 0/0 ; à 30 jours de préavis: 1/2 0/0 au-dessous du susdit, taux maximum 3 1/2 0/0.

2° Considérant que les Monts-de-Piété sont une œuvre de secours mutuel ; considérant qu'il est bon de développer parmi les hommes des sentiments de solidarité et d'humaine pitié ; le premier Congrès des Monts de-Piété de France émet le vœu que tous les établissements soient autorisés à accepter et à créer des dépôts dits d'épargne, par carnets de compte limités à 3.000 francs, exigibles à vue par les déposants et rapportant un intérêt annuel de 2 3/4 0/0 ou 3 0/0.

3° Considérant qu'il y aurait avantage à concentrer toutes les ressources dont disposent tous les Monts-de-Piété ; considérant que par l'appui mutuel que se prêteraient ces établissements, ils seraient par suite en mesure de diminuer leurs conditions de prêt ; considérant qu'un pareil état de choses est désirable pour le plus grand bien des malheureux déshérités qui font appel aux fonds dont disposent ces établissements ; le premier Congrès des Monts-de-Piété de France émet le vœu que la mise à l'étude d'un organisme centralisant les ressources des Monts-de-Piété soit autorisé et que les pouvoirs publics prêtent tout leur appui pour cette création.

(Applaudissements).

M. le Président. — Quelqu'un demande-t-il la parole ?

M. Ricard (Avignon). — Je voudrais faire une observation au sujet des comptes courants. Nous avons procédé exclusivement par comptes-courants presque jusqu'à ces derniers temps, mais nous avons décidé récemment de les réduire, bien que nous ne servions que 1,25 0/0 et que nous exigions un préavis de 15 jours pour les retraits. Est-ce en effet, l'exemple des Caisses d'Épargne qui nous a influencés ? Nous avons été très préoccupés de la situation qui résulterait pour nos établissements d'une crise politique nationale qui amènerait les déposants à venir rechercher en même temps leurs fonds, alors justement que cette période de crise serait celle où, la misère étant la plus grande, les Monts-de-Piété auraient le plus besoin de toutes leurs ressources. C'est cette façon de voir qui nous a amenés à adopter une politique contraire à celle qu'on nous préconise aujourd'hui et à restreindre les comptes courants pour développer, même au prix de sacrifices pécuniaires, les bons à durée fixe, de telle manière qu'en cas de crise, nous ayons le temps de nous retourner.

Dans ces conditions, je ne voterai donc pas la première partie du vœu ; mais, par contre, je crois qu'il y a une idée excellente dans la deuxième partie, consistant à demander la centralisation des disponibilités des différents Mont-de-Piété, de manière à faire bénéficier les uns des disponibilités que peuvent avoir les autres.

M. Blanchemain (Paris). — Messieurs, M. l'Administrateur du Mont-de-Piété d'Avignon vous fait ressortir qu'à Avignon on a dû restreindre la possibilité d'emprunter sur comptes-courants dans la crainte d'un retrait général...

M. Ricard (Avignon). — C'est une mesure de prudence.

M. Blanchemain (Paris). — Je ferai toutefois remarquer que les cas dont on nous parle se produisent tout à fait exceptionnellement. Si je prends pour base le Mont-de-Piété de Paris, depuis 1870-1871, c'est-à-dire pendant la Commune, notre emprunt s'est opéré sans aucun à-coup, sans aucun heurt, sans aucune difficulté. Or, si au lieu d'opérer par l'émission de bons de Caisse, nous avions pu emprunter à un taux inférieur à celui de nos bons, nous aurions réalisé des bénéfices relativement élevés, pour le plus grand profit de notre clientèle.

Les temps de crise sont l'exception : pourquoi légiférer pour de pareils cas? Songeons plutôt aux temps normaux où nous pourrions avoir au contraire grand intérêt à appliquer la méthode des comptes-courants. Je reconnais que leur usage peut avoir des inconvénients; mais si l'on était toujours dominé par la crainte, aucune amélioration ne serait possible et le taux d'intérêt perçu par nous serait toujours très élevé.

Si nous avons un moyen qui nous permette de diminuer ce taux, je ne vois pas pourquoi nous ne pourrions pas l'employer. Encore une fois, quelle que soit la crainte que l'on puisse avoir des cataclysmes possibles, on ne légifère pas pour des exceptions ; on doit considérer les situations naturelles et normales et c'est dans cet esprit que j'estime que nous pouvons adopter le projet de vœu présenté par M. Couve.

M. A. Couve (Marseille). — Messieurs, non seulement je me joins aux paroles que vient de prononcer M. Blanchemain, mais je ferai observer que depuis environ 20 ans, le taux moyen de la Banque de France a été de 2 1/2 0/0. Or, je dis que les dépôts en comptes courants à 1 jour de préavis porteraient intérêts à 1 1/2 0/0 au taux de la Banque de France, maximum 2 1/2 0/0 : Actuellement par conséquent, malgré la surélévation du taux de la Banque, le taux ne dépasserait pas 2 1/2 0/0. En admettant que cette situation ait existé depuis 20 ans, le Mont-de-Piété aurait emprunté au taux moyen de 1 0/0 et il me semble que les bénéfices réalisés seraient suffisants pour permettre ensuite de faire face à une courte période de difficultés.

Je veux bien admettre que dans un temps de crise l'argent déposé soit retiré, mais après les années de vaches grasses on peut accepter quelques années de vaches maigres et si nous empruntons à bon compte en temps ordinaire, nous pourrons constituer plus facilement un capital qui nous permettra de voir venir les temps mauvais.

Les trois vœux que j'ai eu l'honneur de vous présenter

se tiennent. Si vous voulez établir une Caisse Centrale il faut que vous admettiez les dépôts en comptes-courants; car je ne verrai aucun avantage à emprunter à 3 0/0 à Pierre, pour verser à 2 3/4 0/0 à Paul. Il faut être convaincu qu'il faut développer l'usage des comptes-courants et on peut l'être sans aucune crainte. Je puis en parler d'autant plus aisément qu'étant banquier moi-même, je sais combien les temps de crise touchent peu les véritables déposants.

M. Ricard (Avignon). — C'est une simple observation que j'ai présentée.

M. Couve relit la première partie de son vœu :

« *Considérant qu'il y aurait une notable économie à* « *développer l'ouverture des comptes-courants ; consi-* « *dérant que ce mode d'emprunt a donné d'excellents* « *résultats dans les établissements où il est déjà employé ;* « *le premier Congrès des Monts-de-Piété de France émet* « *le vœu que tous les établissements reçoivent des dépôts* « *en compte-courant aux conditions suivantes :*

« *A 1 jour de préavis : 1 1/2 0/0 au-dessous du taux d'es-* « *compte de la Banque de France,* « *maximum 2 1/2 0/0.*

« *A 8 jours de préavis : 1 0/0 au-dessous du susdit taux,* « *maximum 3 0/0.*

« *A 30 jours de préavis : 1/2 0/0 au-dessous du susdit* « *taux, maximum 3 1/2 0/0.* »

Adopté à l'unanimité.

M. Couve relit la deuxième partie de son vœu :

« Considérant que les Monts-de-Piété sont une œuvre de
« secours mutuel ; considérant qu'il est bon de développer
« parmi les hommes des sentiments de solidarité et d'hu-
« maine pitié ; le premier Congrès des Monts-de-Piété de
« France émet le vœu que tous les établissements soient
« autorisés à accepter et à créer des dépôts dits d'épargne,
« par carnets de compte limités à 3.000 francs exigibles à
« à vue par les déposants et rapportant un intérêt annuel
« de 2 3/4 ou 3 0/0. »

Adopté à l'unanimité.

M. Couve relit la troisième partie de son vœu :

« Considérant qu'il y aurait avantage à concentrer
« toutes les ressources dont disposent tous les Monts-de-
« Piété ; considérant que par l'appui mutuel que se prête-
« raient ces établissements, ils seraient par suite en
« mesure de diminuer leurs conditions de prêts ; considé-
« rant qu'un pareil état de choses est désirable pour le plus
« grand bien des malheureux déshérités qui font appel aux
« fonds dont disposent ces établissements ; le premier
« Congrès des Monts-de-Piété de France émet le vœu que
« que la mise à l'étude d'un organisme centralisant les
« ressources des Monts-de-Piété soit autorisé et que les
« pouvoirs publics prêtent tout leur appui pour cette
« création. »

M. Blanchemain (Paris). — Je demanderai, avant
le vote, une petite explication. Si vous admettiez les

effets du deuxième vœu, ne seraient-ils pas en contradiction avec les effets du troisième ? Si les ressources de tous les Monts-de-Piété de France étaient centralisées, il semble qu'elles ne pourraient l'être que d'après un système déterminé qui serait unique. Je voudrais avoir là-dessus une petite explication.

M. Couve. — Je reconnais qu'au premier abord il y a une contradiction apparente. Je dis : « Lorsqu'un Mont-de-Piété aurait des disponibilités supérieures à ses besoins courants.... »

J'entends par là que lorsqu'il aurait trouvé sur place toutes les ressources dont il aurait besoin, il continuerait à ne faire appel à personne et il n'emprunterait ou ne déposerait qu'autant que ces disponibilités seraient inférieures ou supérieures à ces mêmes besoins.

M. Barthelet (Marseille). — La Caisse Centrale serait le Banquier commun de tous les Monts-de-Piété.

M. Blanchemain (Paris). — Cette explication paraissait nécessaire.

M. Picard (Paris). — Messieurs, je trouve que la proposition faite par M. Couve, membre du Conseil d'Administration du Mont-de-Piété de Marseille, est idéale ; mais je vous assure que je n'en vois pas bien l'application sans des difficultés qui m'effraient. Je me demande comment nous pourrions mener à bien l'organisation du vœu qui nous est proposé. Il faudrait réviser les statuts de tous les Monts-de-Piété de France....

M. Couve. — Je vous interromps immédiatement et je m'en excuse. Mon vœu ne demande pas la mise en fonctions, mais bien la mise à l'étude du projet que j'ai eu l'honneur de vous soumettre. J'ai prévu et je continue à prévoir que de nombreuses années d'études ne seront pas de reste pour le mener à bonne fin.

M. Aldebert (Lille). — Je tiens à signaler le cas du Mont-de-Piété de Lille. Nous avons à côté de nous la fondation Masurel de prêt gratuit dont le public ne profite pas. Le Mont-de-Piété ayant eu à faire la réfection complète de son établissement a emprunté à cette fondation Masurel, au taux de 2 0/0, une somme considérable, et pour les prêts sur valeurs mobilières, il a fait également un emprunt de fonds à 1 1/2 0/0. De ce fait, tout le monde en a tiré parti et cela vous prouve l'utilité qu'il y a à permettre à nos différents établissements de se rendre de mutuels services.

M. Ricard (Avignon). — Je voudrais une modification pour bien indiquer qu'il s'agit, non pas de toutes les ressources, mais bien seulement de l'excédent des ressources.

M. Couve (Marseille). — Ah ! pardon. Dans mon exposé, on ouvre un compte-courant à tous les Monts-de-Piété. Ils sont débités sans intérêt de leurs emprunts.

M. Ricard (Avignon). — A quoi cela sert-il ?

M. Couve (Marseille). - A faire compensation.

M. Ricard (Avignon). -- Pourquoi ne pas faire porter le jeu sur l'excédent seulement ?.

M. Couve (Marseille). — Je vais vous l'indiquer très simplement. Si vous voulez faire une Caisse centrale, il faut que cette Caisse soit l'Inspecteur général de toutes les finances.

M. Ricard (Avignon). — Je ne voterai jamais en faveur d'une institution qui serait une tendance à la centralisation.

M. Couve (Marseille). — Une centralisation au point de vue administratif est d'une utilité peut-être discutable, mais au point de vue financier, jusqu'à preuve du contraire, je demeure convaincu qu'un monsieur qui dispose de dix millions est plus fort que celui qui dispose seulement d'un.

M. Blanc (Marseille).— Il vaudrait mieux mettre aux voix le principe de l'étude.

M. le Président. — Voulez-vous voter le principe de l'étude ?

M. Lesbros (Marseille). — Il y aurait peut-être avantage à émettre le vœu sous une forme moins absolue, par exemple : « qu'il soit mis à l'étude l'idée d'une Caisse centrale »,

M. Ricard (Avignon). — Je ne voudrais pas qu'on emploie le terme de « Caisse centrale ».

M. Couvé (Marseille). — Il s'agit de mettre à l'étude seulement.

M. Blanchemain (Paris). — Je proposerai « un organisme qui centraliserait les ressources disponibles des Monts-de-Piété de France ».

M. le Président. — Je mets aux voix la proposition suivante :

« *Considérant qu'il y aurait avantage à concentrer* « *toutes les ressources dont disposent tous les Monts-de-* « *Piété ; considérant que par l'appui mutuel que se prête-* « *raient ces établissements, ils seraient par suite en mesure* « *de diminuer leurs conditions de prêt ; considérant qu'un* « *pareil état de chose est désirable pour le plus grand* « *bien des malheureux déshérités qui font appel aux* « *fonds dont disposent ces établissements ; le premier* « *Congrès des Monts-de-Piété de France émet le vœu que* « *la mise à l'étude d'un organisme centralisant les res-* « *sources disponibles des Monts-de-Piété soit autorisée et* « *que les pouvoirs publics prêtent tout leur appui pour* « *cette création.* »

Cette proposition est adoptée.

La parole est à M. Barthelet sur la question de *la périodicité des Congrès des Monts-de-Piété et de l'organisation d'un Conseil supérieur des Monts-de-Piété.*

M. Barthelet. — Croyez-vous, mes chers confrères, qu'il convient de nous réunir à nouveau en profitant des écoles que nous avons faites et en apportant dans un autre Congrès les précautions nécessaires pour que les propositions arrivent en temps voulu et soient imprimées et distribuées avant la réunion à tous les congressistes, en un mot, pour qu'on puisse faire de la besogne définitive ?... Nous avons voulu, pour l'instant, préparer le terrain en mettant en présence les divers Monts-de-Piété de France : ceci fait, il vous reste à voir si vous acceptez le principe de la périodicité de nos réunions. Il y aurait ensuite à choisir, le cas échéant, le lieu où se tiendront nos prochaines assises et enfin à vous prononcer sur le maintien d'un comité chargé de la rédaction des résolutions prises et de leur transmission à qui de droit.

Un Congressiste. — Je demande que le principe du renouvellement de ce Congrès soit voté par acclamations. (*Applaudissements*).

M. le Président. — Je mets la proposition aux voix.

« *Le Congrès des Monts-de-Piété de France décide que « des Congrès, suite du Congrès actuel, se réuniront « périodiquement* ».

M. le Président. — Le vote est unanime.

M. Ricard (Avignon). — Je demanderai que la ville où siègera le prochain Congrès soit déterminée dès maintenant.

M. Couve (Marseille). — Nous pensons que Paris pourrait convenir.

M. Banchemain (Paris). — Je n'ai pas besoin de vous dire que nous sommes tout à votre disposition.

M. le Président. — Je mets aux voix la proposition suivante :

« *Le Congrès des Monts-de-Piété de France décide que* « *le prochain Congrès se réunira à Paris.* »

Adopté à l'unanimité.

M. Picard (Paris). — Messieurs, nous avons dit que nous avons puisé largement à l'étranger. Je vous ai signalé que la Belgique nous a donné des renseignements très précis : je vous demanderai donc, si vous le voulez bien, qu'au prochain Congrès soient convoqués non seulement les Monts-de-Piété de France et d'Algérie, mais encore qu'on fasse appel aux Monts-de-Piété d'Italie, aux Monts-de-Piété de Belgique, aux Monts-de-Piété de Suisse, pour former un groupement vraiment général et profiter de l'expérience que chaque nation a pu acquérir.

La question est assez délicate ; nous venons de désigner la Belgique et la Suisse car nous avons le souvenir des renseignements précieux que deux délégués de ces pays nous ont apportés, mais rien ne prouve que nous n'en obtiendrions pas également d'intéressants de l'Autriche, de l'Italie, de l'Amérique même.....

M. Barthelet (Marseille). — Il me semble qu'il y a là deux ordres d'idées : Nous avons à prendre dans les Monts-de-Piété étrangers des exemples, mais nous avons à délibérer, d'autre part, sur des questions de législation nationale : il faudrait donc qu'il y eût, et des Congrès nationaux, et des Congrès internationaux.

M. le Président.— Je mets aux voix la proposition :

« *Le Congrès des Monts-de-Piété de France décide que* « *le prochain Congrès de Paris sera un Congrès national,* « *mais que les délégués de Monts-de-Piété étrangers* « *seront invités à titre consultatif.* »

Adopté.

M. le Président. — Restent la question de date et celle de la réalisation de ses vœux.

Après un échange de vues sur ces questions, il est procédé au vote.

« *Considérant que la présente législature prendra fin* « *en mai 1910, le Congrès des Monts-de-Piété de France* « *décide que la prochaine réunion aura lieu au cours de* « *l'année 1909.*

« *Il décide, en outre, que le Conseil d'administration* « *du Mont-de-Piété de Marseille aura mission de suivre* « *la réalisation des travaux du Congrès jusqu'à ce que le* « *Conseil d'Administration de Paris prenne possession de* « *la permanence au moment du prochain Congrès.* »

Enfin, sur la proposition de M. Barthelet, « *le Congrès* « *estime qu'il y aura lieu, pour l'avenir, de fixer une* « *contribution au Congrès, variable suivant l'importance* « *des Monts-de-Piété, avec un maximum et un minimum* « *à fixer ultérieurement.* »

M. le Président donne ensuite lecture de la dépêche suivante, qu'il reçoit à l'instant même :

« Le personnel du Mont-de-Piété d'Anvers remercie
« chaleureusement Messieurs les Membres du Congrès
« pour l'honneur fait à leur cher Directeur et termine
« par : « Vive la France ! » (*Applaudissements*).

M. le Président. — Messieurs, avant de clôturer les séances du Congrès, je crois être votre interprète et répondre au désir commun de tous, en adressant à Monsieur le Président et à Messieurs les Membres du Conseil d'administration du Mont-de-Piété de Marseille, ainsi qu'à Monsieur le Directeur de cet établissement, nos plus sincères félicitations pour l'excellente idée qu'ils ont eue de réunir une première fois en Congrès les Monts-de-Piété de France et d'Algérie. Je leur adresse nos plus sincères remerciements pour l'amabilité dont ils ont fait preuve à notre égard et pour le soin qu'ils ont mis à nous rendre notre séjour ici non seulement utile et profitable, mais agréable à tous égards.

Vous vous associerez enfin, je crois, au Président de la séance de clôture pour dire à nos collègues de Genève et d'Anvers combien nous leur sommes reconnaissants de s'être joints à nous, non seulement pour prendre part à nos discussions, mais pour nous apporter encore leur large part de précieux documents, et je termine en vous disant : « Au revoir et à Paris quand le moment sera venu ! ». (*Applaudissements*).

M. Franz van Camp. — Messieurs, je crois être l'interprète de mon collègue de Genève en vous adressant en son nom comme au mien nos plus sincères remerciements pour la façon dont nous avons été reçus. Nous vous félicitons pour l'initiative que vous avez prise en organisant ce premier Congrès. Vous avez pu constater par cet essai quel est le grand intérêt que nous avons tous à assister à de semblables réunions. Je suis convaincu, d'ailleurs, que votre Congrès portera ses fruits ; car si vous avez dû laisser pour un examen ultérieur un certain nombre de questions, vous n'en avez pas moins élucidé bon nombre de fort importantes. Je tiens à ajouter que le jour où j'aurai obtenu du Conseil Communal d'Anvers l'autorisation d'organiser à notre tour une semblable réunion, j'aurai la plus grande satisfaction à vous y pouvoir convier. Et je termine en disant, Messieurs : « Vive la France ! » (*Applaudissements*).

La séance est levée et les travaux du Premier Congrès des Monts-de-Piété de France cloturés.

ANNEXE A LA CINQUIÈME SÉANCE

(Voir page 208)

RÈGLEMENT RELATIF AU RECRUTEMENT, AU CLASSEMENT ET A L'AVANCEMENT DES EMPLOYÉS DU MONT-DE-PIÉTÉ DE MARSEILLE.

A la suite de diverses demandes d'augmentation de traitement adressées par des employés de l'Etablissement, le Conseil, sur la proposition de M. Barthelet, décida, dans sa séance du 5 Août 1882, pour échapper à toutes les sollicitations des intéressés et enlever à ses décisions tout soupçon de partialité involontaire, de rédiger un Règlement déterminant les conditions du recrutement, du classement et de l'avancement du personnel du Mont-de-Piété.

Le Conseil chargea de ce travail M. Edmond Barthelet, Secrétaire, auteur de la proposition.

Le Règlement présenté au Conseil par M. Edmond Barthelet a été ensuite arrêté ainsi qu'il suit par délibérations des 10 et 17 Février 1883.

Au moment de ce vote, l'Administration éta't composée de la manière suivante : MM. BROCHIER, Maire, Président ; BLANCHARD Auguste, Vice-Président ; HUGUENY Frédéric, Membre du Conseil ; VELTEN neveu, Membre du Conseil ; SCHLŒSING, Emile, Membre du Conseil ; ABRAM Félix, Membre du Conseil; BARTHELET Edmond, Secrétaire ; RAMAGNI Simon, Directeur.

Depuis le 17 février 1883, pour répondre aux nouveaux besoins du service et accentuer davantage l'esprit d'impartialité ayant présidé à l'établissement du Règlement, le texte primitif a subi diverses modifications votées par le Conseil d'Administration, la dernière dans sa séance du 22 Juillet 1903.

TITRE PREMIER

Appointements et Cadres

ARTICLE PREMIER. —Les cadres du Mont-de-Piété sont composés comme suit :

1° Un Directeur, aux appointements de..... Fr. 6.000 et logé.

2° Quatre Chefs de service, savoir :

Un Contrôleur, aux appointements de.... Fr. 4.200
Un Caissier, aux appointements de....... » 3.600 et logé.
Un Garde-Magasin, aux appointements de » 3.600 et logé.
Un Chef de bureau de la Direction aux
appointements de..................... » 3.600

3° Six Sous-Chefs de Service, savoir :

Un Chef de Bureau des Titres aux appointements de.............................. » 2.700

Un Chef de Bureau Auxiliaire aux appointements de .... » 2.400

Un Sous-Chef de Bureau de la Direction
aux appointements de................. » 2.400

Un Sous-Caissier aux appointements de.. » 2.400

Un Sous-Garde Magasin aux appointements de............................. » 2.400

Un Sous-Chef de Bureau des Renouvellements aux appointements de .... » 2.400

4° Dix-huit employés des bureaux, savoir :

5 de 1re classe, aux appo'ntements de......... Fr. 2.100
5 de 2me »   »   .... » 1.800
4 de 3me »   »   .... » 1.500
4 de 4me »   »   .... » 1.200

5° Douze préposés des magasins et sept fourriers, concierge, plantons et garçons de bureau, savoir :

1 Préposé Chef aux appointements de.	Fr.	2.000 et logé	
1 Magasinier du Bureau Auxiliaire aux appointements de................	»	1.600	»
5 Préposés ou Fourriers de 1re classe, aux appointements de : les préposés.	»		1.600
les fourriers.	»		1.500
5 Préposés ou Fourriers de 2e classe, aux appointements de : les préposés.	»		1.500
les fourriers.	»		1.400
4 Préposés ou Fourriers de 3e classe, aux appointements de : les préposés.	»		1.400
les fourriers.	»		1.300
3 Préposés ou fourriers de 4e classe, aux appointements de : les préposés.	»		1.200
les fourriers.	»		1.200

6° Neuf plieuses, savoir :

1 Plieuse-Chef, aux appointements de........	Fr.	1.300
5 Plieuses de 1re classe, aux appointements de..	»	1.200
3 » 2e » » ..	«	1.100

ART. 2. — Les seules personnes logées dans l'établissement sont :

> Le Directeur ;
> Le Caissier ;
> Le Garde-Magasin ;
> Un des deux Fourriers de service à la Direction ;
> Le Préposé-Chef ;
> Le Concierge.

Le Chef de Bureau et le Magasinier du Bureau Auxiliaire sont logés dans le local de ce bureau.

Les fonctionnaires, non obligés à loger dans l'Établissement, qui ne profiteront pas du logement auquel leur grade leur donne droit, ne pourront réclamer aucune indemnité de ce fait.

ART. 3. — Il est accordé au Caissier une indemnité annuelle de 300 francs pour erreurs de caisse inévitables ; il s'entendra avec les employés chargés du service des guichets de caisse et répartira entre eux une partie de cette indemnité.

ART. 4. — Il est accordé au Garde-Magasin une indemnité annuelle de 600 francs pour erreurs inévitables.

ART. 5. — Une indemnité annuelle de 200 francs sera accordée :

1° A l'employé, quelle que soit sa classe, qui sera désigné par le Directeur, sur une liste d'au moins 3 noms, présentée par le Caissier, pour tenir sous la responsabilité de ce dernier, le guichet de caisse du service des engagements ;

2° Au préposé des magasins, quelle que soit sa classe, que le Directeur désignera pour faire l'office de crieur aux ventes ;

3° A la plieuse, quelle que soit sa classe, que le Garde-Magasin désignera, sous sa responsabilité, pour le service de la réception, de la vérification, et du paquetage des bijoux ;

4° A l'employé ou au fourrier, quelle que soit sa classe, que le Directeur désignera pour le classement et l'entretien des archives ;

5° Au Chef de Bureau et au Magasinier du Bureau auxiliaire pour frais de chauffage et d'éclairage ;

6° Les employés de bureau et le fourrier délégués au Bureau Auxiliaire jouiront d'une indemnité annuelle calculée à raison du cinquième du traitement de début de la classe à laquelle ils appartiennent, non compté le pourcentage.

ART. 6. — Il sera accordé à tout membre du personnel du Mont-de-Piété faisant partie des cadres, suivant l'article 1er, une indemnité calculée à raison de 100 francs par an, par tête d'enfant légitime, âgé de moins de 15 ans révolus. Cette indemnité, décomptée à partir du moment de l'ouverture des droits, sera payée en deux termes semestriels : le 1er avril et le 1er octobre.

ART. 7. — Tous les employés, y compris le Directeur, jouiront, à partir du deuxième 1er janvier qui suivra leur nomination comme titulaires dans le personnel du Mont-de-Piété, de primes d'ancienneté calculées comme suit :

La première année, 1 pour cent du principal du traitement tel qu'il résulte de l'article 1er ;

La deuxième année, 2 pour cent ;

La troisième année, 3 pour cent.

Et ainsi de suite, à raison de 1 pour cent par an.

ART. 8. — Quand l'employé changera de classe, le percentage décompté, toujours de la même époque, suivant l'article précédent, ne portera sur ses nouveaux appointements qu'à partir du 1er janvier qui suivra sa promotion.

ART. 9. — Les indemnités spécifiées aux articles 3, 4, 5 et 6 ne donneront pas lieu à la retenue pour la retraite et, par conséquent, n'entreront pas dans le calcul de la liquidation de la pension de retraite.

Par contre, les primes d'ancienneté spécifiées aux articles 7 et 8 s'ajouteront au traitement, supporteront la retenue pour la retraite et entreront en ligne de compte dans la fixation du chiffre de la pension de retraite.

ART. 10. — Il ne sera pas accordé d'indemnité ni de gratification autres que celles prévues ci-dessus.

TITRE II

Section première : Recrutement du personnel et avancement

ARTICLE PREMIER. — La réglementation ci-après ne déroge en rien aux dispositions des décrets des 10 mars 1807 et 3 juin 1884, en ce qui concerne la présentation des candidats au choix du Préfet pour les emplois de Directeur et de Caissier et pour la nomination des autres employés.

Elle n'a d'autre but que de poser des règles suivant lesquelles ces présentations et ces nominations devront être faites.

Art. 2. — Le Conseil devra, quand il y aura lieu à la nomination du Directeur ou du Caissier, proposer au choix de M. le Préfet une liste contenant, pour l'emploi de Directeur, au moins un Chef de service du Mont-de-Piété, et pour l'emploi de Caissier, au moins un Chef de service, ou un Sous-Chef de service, ou un employé de 1re classe du Mont-de-Piété.

Le classement des Chefs de service, des Sous-Chefs de service ou des employés de 1re classe, pour ces présentations, sera fait suivant la méthode exposée à l'article 25.

Art. 3. — Les Chefs de service, autres que le Caissier, seront choisis ou parmi les autres Chefs de service, ou parmi tous les Sous-Chefs de service et tous les employés de 1re classe, suivant la méthode exposée au même article 25.

Les Sous-Chefs de service seront choisis parmi les autres Sous-Chefs et les employés de 1re classe, suivant la méthode exposée à l'article 26 et sur la présentation d'une liste d'au moins 3 noms dressée par les Chefs de service intéressés.

Art. 4. — Le classement des candidats à l'avancement pour les postes d'employé de bureau se fait suivant la méthode exposée à l'article 26.

Art. 5. — Les employés de 1re classe sont choisis entre les trois plus anciens employés de 2me classe.

Art. 6. — Les employés de 2me classe sont choisis entre les deux plus anciens employés de 3me classe.

Art. 7. — Les employés de 3me classe sont choisis entre les deux plus anciens employés de 4me classe.

Art. 8. — Les employés de 4me classe se recrutent au concours, suivant la méthode exposée à l'article 28.

Art. 9. — Le préposé-chef est nommé, sur la présentation du Directeur et du Garde-Magasin, parmi tous les préposés de 1re classe.

Art. 10. — Le magasinier du Bureau Auxiliaire est nommé, sur la présentation du Directeur et du Garde-Magasin, parmi tous les préposés, quelle que soit leur classe, et sur une liste d'au moins 3 noms.

Art. 11. — Les préposés et les fourriers sont promus d'une classe à une autre, suivant la méthode exposée à l'article 29.

Art. 12. — Les préposés et les fourriers de 1re classe sont choisis parmi les préposés et les fourriers de 2me classe.

Art. 13. — Les préposés et les fourriers de 2mo classe sont choisis parmi les préposés et les fourriers de 3me classe.

Art. 14. — Les préposés et les fourriers de 3me classe sont choisis parmi les préposés et les fourriers de 4me classe.

Art. 15. — Les préposés de 4me classe sont nommés par le Conseil sur une liste de cinq candidats présentés par le Directeur et par le Garde-Magasin.

Ils devront fournir les pièces exigées sous les numéros 1, 2, 3, 4 et 5 de l'article 27.

Art. 16. — La Plieuse-Chef est nommée, sur la présentation du Directeur et du Garde-Magasin, parmi toutes les plieuses de 1re classe.

Art. 17. — Les plieuses de 1re classe sont choisies parmi les deux plus anciennes plieuses de 2e classe, suivant la méthode exposée à l'article 30.

Art. 18. — Les plieuses de 2e classe et les plieuses auxiliaires sont nommées au concours suivant la méthode exposée à l'article 31.

Art. 19. — Toutefois, si au moment de la vacance d'un emploi de plieuse de 2e classe, il existe une plieuse auxiliaire, la plieuse auxiliaire est nommée de préférence.

Art. 20. — Les fourriers de 4e classe sont nommés au concours, suivant la méthode exposée à l'article 30. Toutefois, en cas de vacance de la place de concierge, si le Directeur le propose, le nouveau titulaire ne sera pas choisi parmi les fourriers en exercice et celui qui sera appelé à en remplir les fonctions sera nommé directement et sans être soumis au concours, par le Conseil d'Administration, sur la proposition du Directeur.

Art. 21. — Nul ne pourra être admis dans les cadres du Mont-de-Piété si, le jour de sa nomination, il est âgé de moins de 21 ans et de plus de 27 ans révolus pour les employés hommes, et de plus de 24 ans révolus pour les plieuses.

SECTION II. — **Classement**

Art. 22. — Dans les classements, l'opinion du Conseil ou de la Commission déléguée s'exprimera par des nombres de 0 à 20, suivant l'échelle suivante :

0	Nul.
1, 2	Très mal.
3, 4, 5	Mal.
6, 7, 8	Médiocre.
9, 10, 11	Passable.
12, 13, 14	Assez bien.
15, 16, 17	Bien.
18, 19	Très bien.
20	Parfaitement.

Il est établi un dossier personnel pour chaque employé, contenant les notes données à la fin de l'année par le Chef de service, le Contrôleur, le Directeur, et le membre du Conseil délégué.

Lorsque le Conseil procédera à un classement, il prendra comme base la moyenne des notes des cinq dernières années données par le membre du Conseil délégué.

Art. 23. — Les notes seront données par le Conseil ou la Commission déléguée par le Conseil, soit d'un commun accord, soit sur la demande d'un seul membre, au scrutin secret.

Art. 24. — Les notes qui seront simplement la constatation de faits matériels ne seront pas l'objet d'un vote : telles sont, par exemple, les notes d'ancienneté, d'exactitude.

Art. 25. — Pour classer les candidats à l'emploi de Directeur ou de Chef de service, il sera fait le total des notes suivantes :

1° Instruction professionnelle (multipliée par 3) de 0 à 20.

2° Instruction générale (multipliée par 2)..... de 0 à 20.

3° Rapport avec le public et conduite administrative.................................. de 0 à 20.

4° Assiduité, exactitude...................... de 0 à 20.

5° Considérations générales tirées de la dignité
   de la vie privée, des charges de famille
   et de l'aptitude du candidat à remplir le
   poste à pourvoir........................ de 0 à 20.

Le titre de licencié en droit donne droit à un nombre supplémentaire de 5 points et celui de docteur en droit à un nombre supplémentaire de 10 points.

Art. 26. — Pour le classement des candidats à un poste de Sous-Chef de service ou d'employé des bureaux de 1re, 2me et 3e classe, il sera fait le total des notes suivantes fixées par la Commission, après avoir entendu le Directeur et les Chefs de service :

1° Instruction professionnelle................ de 0 à 20.

2° Instruction générale...................... de 0 à 20.

3° Rapport avec le public et conduite administrative.................................. de 0 à 20.

4° Assiduité et exactitude................... de 0 à 20.

5° Considérations générales tirées de la dignité
   de la vie privée, des charges de famille
   et de l'aptitude du candidat à remplir le
   poste à pourvoir........................ de 0 à 20.

6° Il sera attribué au candidat autant de points qu'il compte
   d'années révolues depuis son entrée dans les cadres
   du Mont-de-Piété et de semestres dans le grade qui
   lui donne le droit d'entrer en ligne ;

7° Il sera donné un supplément de 3 points pour un diplôme de bachelier, pour un certificat d'études physiques, chimiques et naturelles, pour la connaissance d'une langue étrangère utile dans l'Administration du Mont-de-Piété, sans que le total puisse dépasser 5 points ; pour un diplôme de licencié : 2 points ; pour un diplôme de docteur en droit : 5 points, sans que le total des points de cette catégorie puisse dépasser une nouvelle somme de 5 points.

Art. 27. — En cas de vacance d'une place dont le recrutement a lieu au concours, avis en sera donné par la voie des journaux.

Les candidats se feront inscrire à la Direction du Mont-de-Piété.

La liste d'inscription devra rester ouverte 15 jours au moins et une fois clôturée nul ne pourra y être inscrit.

La clôture de la liste devra avoir lieu 10 jours au moins avant la date du concours.

Tous les candidats inscrits devront, avant la clôture de la liste, déposer à la Direction leur dossier comprenant :

1° Un certificat justifiant qu'ils sont français ;

2° Un certificat établissant leur situation vis-à-vis du service militaire et un certificat du médecin de l'Etablissement constatant qu'ils sont aptes à remplir les fonctions qu'ils sollicitent ;

3° Leur casier judiciaire ;

4° Un certificat de bonne vie et mœurs ;

5° Une notice indiquant l'emploi de leur temps et relatant les divers emplois qu'ils ont successivement occupés depuis l'âge de 13 ans ;

6° Un certificat de vaccine daté de l'année en cours au moment de la vacance à pourvoir.

Les candidats pourront déposer les pièces exigées aux §§ 1, 2, 3 dans les dix jours qui séparent la date de la clôture de la liste de la date du concours.

ART. 28. — Les candidats à une place d'employé de 4e classe, inscrits comme il est dit à l'article 27, seront examinés par une Commission déléguée par le Conseil.

Ils seront classés par l'addition des notes qu'ils auront méritées dans chacune des facultés suivantes :

1° Composition écrite sur un sujet donné par les examinateurs.............................. de 0 à 20

2° Écriture de cette composition............... de 0 à 20

3° Deux problèmes sur le système métrique et les fractions décimales..................... de 0 à 20

4° Habileté à calculer rapidement en additionnant plusieurs colonnes :

    Rapidité................................ de 0 à 20
    Exactitude.............................. de 0 à 20

5° Même épreuve sur plusieurs multiplications et divisions : deux notes comme pour l'épreuve précédente.

6° Examen oral : lecture expliquée donnant une idée de l'instruction générale du candidat... de 0 à 20

7° Notes résultant de l'examen du dossier du candidat.................................. de 0 à 20

Sera nommé le candidat qui aura obtenu le plus de points, pourvu cependant que le total ne soit pas inférieur à 112 points et que dans aucune partie il n'ait mérité moins de 5 points.

ART. 29. — Le classement pour l'obtention d'un poste de préposé des magasins ou de fourrier de 1re, 2e ou 3e classe, de plieuse de 1re classe sera fait en totalisant les notes suivantes :

1° Habileté professionnelle.................... de 0 à 20.

2° Aptitude physique......................... de 0 à 20.

3° Instruction .... de 0 à 20.

4° Rapports avec le public et conduite administrative .... de 0 à 20.

5° Assiduité, exactitude...................... de 0 à 20.

6° Considérations générales tirées de la dignité
de la vie privée, des charges de famille et
de l'aptitude du candidat à remplir le poste
à pourvoir .... de 0 à 20.

7° Il sera, en outre, donné au candidat autant de points
qu'il s'est écoulé de trimestres entièrement révolus
depuis sa nomination au grade qui lui permet d'entrer
en ligne et de semestres depuis son entrée dans les
cadres du Mont-de-Piété.

ART. 30. — La nomination de fourrier de 4° classe sera faite
au concours ; les candidats, inscrits comme il est dit à l'article 27, seront examinés par une Commission déléguée par le
Conseil.

Ils seront classés par l'addition des notes qu'ils auront méritées dans chacune des facultés suivantes :

1° Dictée :

      Orthographe...................... de 0 à 20.
      Écriture.......................... de 0 à 20.

2° Deux problèmes d'arithmétique élémentaire. de 0 à 20.

3° Une lecture expliquée permettant de juger
de l'instruction générale du candidat...... de 0 à 20.

4° Aptitude physique (multipliée par 2)........ de 0 à 20.

5° Note résultant de l'examen du dossier du
candidat (multipliée par 2).............. de 0 à 20.

ART. 31. — Les postulantes à un emploi de plieuse de 2° classe
ou de plieuse auxiliaire, inscrites comme il est dit à l'article 27,
seront examinées par une Commission déléguée par le Conseil.

Elles seront classées par l'addition des notes qu'elles auront
méritées dans chacune des facultés suivantes :

1° Dictée :

      Orthographe .... de 0 à 20.
      Écriture......................... . de 0 à 20.

2º Une lecture expliquée permettant de juger
    de l'instruction générale de la postulante..   de 0 à 20.

3º Deux épreuves d'arithmétique élémentaire ..   de 0 à 20.

4º Examen pratique : Pliage et couture :

    Rapidité..............................   de 0 à 20.
    Solidité.............................   de 0 à 20.

5º Aptitude physique (multipliée par 3)........   de 0 à 20.

6º Note résultant de l'examen du dossier de la
    postulante (multipliée par 2).............   de 0 à 20.

Art. 32. — Lorsque, dans le classement des candidats à tous les postes autres que ceux de Directeur ou de Chef de service, il y aura des premiers *ex æquo*, le Conseil votera au scrutin secret sur leur classement.

Le premier sera mis en possession de l'emploi et le ou les suivants seront nommés dans l'ordre ainsi arrêté par le Conseil au fur et à mesure des vacances, sans qu'il y ait lieu à un nouveau classement.

Art 33. — Lorsqu'un employé du Mont-de-Piété sera appelé par le service militaire, il retrouvera son grade à l'expiration de son congé, si son livret constate sa bonne conduite sous les drapeaux.

De plus, si, à son retour, il verse à la Caisse des retraites la somme qu'il eût dû y verser s'il était resté en activité de son emploi, le temps qu'il aura ainsi passé sous les drapeaux comptera pour l'ancienneté dans son grade.

Art. 34. — Le Conseil pourra demander à tout le personnel, autant que possible chaque année, un mémoire sur un sujet touchant à l'organisation et au fonctionnement des Monts-de-Piété en général et de celui de Marseille en particulier.

La présentation d'un mémoire est facultative.

Le Conseil accordera, s'il y a lieu, à l'auteur ou aux auteurs des meilleurs mémoires, une prime annuelle à ajouter aux appointements, qui pourra s'élever jusqu'à 100 francs, sans donner lieu à la retenue pour la retraite et au percentage d'ancienneté.

La concession d'une prime emportera pour le bénéficiaire l'adjonction d'un point pour chaque prime dans le total des points totalisés pour le classement, lors d'une promotion.

TITRE III

Cautionnements

ARTICLE PREMIER. — Les cautionnements du Caissier et du Garde-Magasin sont maintenus conformément aux dispositions des Règlements actuellement en vigueur.

Avant toute nomination à un emploi pour lequel il y aura lieu d'exiger un cautionnement, les candidats devront justifier qu'ils sont en mesure de fournir eux-mêmes le cautionnement demandé, ou produire, s'il y a lieu, avec tous titres à l'appui, un engagement de tiers répondants.

ART. 2. — Les cautionnements du Sous-Caissier et du Sous-Garde-Magasin sont fixés à 5.000 francs.

ART. 3. — Les cautionnements du Chef de bureau et du Magasinier du Bureau Auxiliaire sont fixés à 3.000 francs.

Le cautionnement du Chef de bureau des Titres est fixé à 10.000 francs.

TITRE IV

Discipline

ARTICLE PREMIER. — Le Directeur aura le droit d'infliger, comme mesures disciplinaires, des amendes dont le total ne pourra excéder, en un mois, un dixième du traitement mensuel.

Le montant de ces amendes sera versé à la Caisse des retraites.

Art 2. — La révocation des employés est prononcée par le Conseil, sur la proposition du Directeur ou d'un membre du Conseil.

Le Conseil devra toujours convoquer l'inculpé et écouter sa défense, s'il désire la présenter.

Le vote du Conseil doit avoir lieu à la majorité absolue des membres présents, au scrutin secret.

Vœux émis et Résolutions adoptées
par le Congrès

XII

XIII

XIV

XV

Le premier Congrès des Monts-de-Piété de France,considérant qu'il y aurait avantage à concentrer toutes les ressources dont disposent tous les Monts-de-Piété ; considérant que par l'appui mutuel que se prêteraient ces établissements, ils seraient par suite en mesure de diminuer leurs conditions de prêt ; considérant qu'un pareil état de choses est désirable pour le plus grand bien des malheureux déshérités qui font appel aux fonds dont disposent ces établissements, émet le vœu que la mise à l'étude d'un organisme centralisant les ressources disponibles des Monts-de-Piété soit autorisée et que les Pouvoirs publics prêtent tout leur appui pour cette création 227

XVI

Le premier Congrès des Monts-de-Piété de France décide que des Congrès, suite du Congrès actuel, se réuniront périodiquement 228

XVII

Le premier Congrès des Monts-de-Piété de France décide que le prochain Congrès se réunira à Paris........ 229

XVIII

Le premier Congrès des Monts-de-Piété de France décide que le prochain Congrès de Paris sera un Congrès national, mais que les délégués de Monts-de-Piété étrangers seront invités à titre consultatif............. 230

XIX

XX

Index Alphabétique

Table des Matières

Quatrième Séance :

Cinquième Séance :

Annexe à la Cinquième Séance :

www.ingramcontent.com/pod-product-compliance
Lightning Source LLC
LaVergne TN
LVHW050411060726
842524LV00002B/543